Unterricht und Förderung bei Depressionen

Armin Castello
Gunnar Brodersen

Unterricht und Förderung bei Depressionen

Psychologisches Wissen für Lehrkräfte

Prof. Dr. Armin Castello, geb. 1964. 1988–1995 Studium der Psychologie in Freiburg. 2002 Promotion, 2007 Habilitation. 1995–2000 Tätigkeit in der Jugendhilfe und beruflichen Rehabilitation. 2001–2006 wissenschaftlicher Assistent am Institut für Psychologie in Freiburg und Tätigkeit an der dortigen Kinder- und Jugendambulanz. 2006–2008 Vertretung einer Professur für Psychologie an der Pädagogischen Hochschule Heidelberg. 2008–2010 Akademischer Rat an der Pädagogischen Hochschule Freiburg. Seit 2010 W3-Professur für Sonderpädagogik, Psychologie und Diagnostik an der Europa-Universität Flensburg. Arbeitsschwerpunkte: Pädagogisches Handeln bei psychischen Beeinträchtigungen, Mental Health Literacy und klinisch-psychologische Qualifikation von Lehrkräften.

Dr. Gunnar Brodersen, geb. 1983. 2005–2010 Studium der Psychologie in Würzburg. 2016 Promotion. 2010–2012 Tätigkeit in der Kinder- und Jugendhilfe im oberfränkischen Kinder- und Jugenddorf Martinsberg. 2012–2016 wissenschaftlicher Mitarbeiter im Arbeitsbereich Pädagogische Psychologie und Motivation an der Universität Hamburg. Seit 2016 wissenschaftlicher Mitarbeiter in der Abteilung Sonderpädagogische Psychologie am Institut für Sonderpädagogik der Europa-Universität Flensburg. Arbeitsschwerpunkte: Diagnostik und Förderung sozial-emotionaler Kompetenzen, pädagogisch-psychologische Qualifikation von Lehrkräften.

Bibliografische Information der Deutschen Nationalbibliothek
Die Deutsche Nationalbibliothek verzeichnet diese Publikation in der Deutschen Nationalbibliografie; detaillierte bibliografische Daten sind im Internet über http://dnb.dnb.de abrufbar.

Hogrefe Verlag GmbH & Co. KG
Merkelstraße 3
37085 Göttingen
Deutschland
Tel. +49 551 999 50 0
Fax +49 551 999 50 111
info@hogrefe.de
www.hogrefe.de

Umschlagabbildung: © iStock by Getty Images / ClarkandCompany
Satz: Michael Kleine, Hogrefe Verlag GmbH & Co. KG, Göttingen
Druck: mediaprint solutions GmbH, Paderborn
Printed in Germany
Auf säurefreiem Papier gedruckt

1. Auflage 2021

(E-Book-ISBN [PDF] 978-3-8409-2980-9; E-Book-ISBN [EPUB] 978-3-8444-2980-0)
ISBN 978-3-8017-2980-6
https://doi.org/10.1026/02980-000

Inhaltsverzeichnis

Einleitung

Depressionen im Kindes- und Jugendalter gehören zu den Global Health Priorities der Weltgesundheitsorganisation (WHO). Laut WHO stellen sie im Ersterscheinungsjahr dieses Bandes die zweithäufigste Bedrohung der Gesundheit insgesamt dar. Dennoch fehlen in der Bundesrepublik Deutschland seit sehr vielen Jahren ausreichende kinder- und jugendtherapeutische Angebote mit der Folge, dass Lehrkräften sehr häufig psychotherapeutisch nicht adäquat versorgte Schülerinnen und Schüler im Unterricht begegnen. Obwohl die Merkmale unterschiedlicher Formen von Depressionen die schulischen Leistungen und das soziale Verhalten bei betroffenen Mädchen und Jungen stark beeinträchtigen können, gehört fachlich fundiertes Wissen zu den emotionalen, kognitiven, psychosomatischen und verhaltensbezogenen Symptomen einer Depression bislang nicht zum pädagogischen Wissenskanon. Gleiches gilt für wirksame Formen pädagogischen Handelns in Schule und Unterricht.

Der vorliegende Band ist vor dem Hintergrund dieses Versorgungs- und Wissensmangels entstanden und daher als Angebot zu verstehen, pädagogisches Handeln um klinisch-psychologisches und pädagogisch-psychologisches Wissen anzureichern mit dem Ziel, Lehrkräfte in der alltäglichen pädagogischen Arbeit im Schulumfeld zu unterstützen.

Um dieses Anliegen umzusetzen, werden in Kapitel 1 zunächst die aus pädagogischer Sicht wichtigsten fachlichen Grundlagen zu Depressionen im Kindes- und Jugendalter zusammengefasst. Auf dieser Basis können im zweiten Kapitel häufige Beeinträchtigungen im schulischen Alltag erläutert werden. Programme zur pädagogischen Prävention depressiver Symptome werden seit vielen Jahren erfolgreich an Schulen praktiziert und sind ein wichtiges Handwerkszeug, sodass in Kapitel 3 ausgewählte Präventionsprogramme für den deutschsprachigen Raum vorgestellt werden. Ein schulisch sehr relevanter Symptombereich sind motivationale Probleme in Zusammenhang mit depressiven Episoden. Damit, wie die betroffenen Schülerinnen und Schüler diesbezüglich gefördert werden können, befasst sich Kapitel 4. Das nachfolgende Kapitel 5 fokussiert die Unterstützung bei den gleichfalls häufig auftretenden kognitiven Auswirkungen von Depressionen, wie z. B. Beeinträchtigungen der Aufmerksamkeit, der Merkfähigkeit und der exekutiven Funktionen. Wie Kinder und Jugendliche im schulischen Alltag unterstützt werden können, realistisches Denken zu entwickeln, anstatt in belastenden Denk- und Bewertungsformen zu verharren, thematisiert Kapitel 6. Dass sich Lernende mit mehr Akzeptanz, Freundlichkeit und selbst gerichtetem Mitgefühl (Self-Compassion) begegnen, kann durch die in Kapitel 7 beschriebenen positiven Handlungsansätze für Lehrkräfte unterstützt werden. Kapitel 8 stellt dann Möglichkeiten der schulischen Förderung bei emotionsbezogenen Symptomen dar. Den pädagogischen Umgang mit verschiedenen Aspekten von Suizidalität bei Depressionen thematisiert Kapitel 9, und das letzte Kapitel 10 fasst Informationen zu den wichtigsten Kooperationsfragen von Lehrkräften innerhalb und außerhalb des Schulumfelds zusammen.

In dieser kompakten thematischen Zusammenstellung soll psychologisches Wissen zu Depressionen bei Kindern und Jugendlichen pädagogisch nutzbar gemacht werden. Um die Navigation innerhalb des Buches zu erleichtern, finden sich folgende Markierungen im Text:

(1) besondere pädagogische Relevanz (Symbol „Ausrufezeichen“),
(2) Praxis, Anwendung oder Übung (Symbol „Werkzeugkasten“),
(3) wissenschaftliche Perspektive (Symbol „Doktorhut“).

Für die Unterstützung in der Vorbereitung dieses Bandes möchten wir uns recht herzlich bei allen Lehrkräften der Schule Hesterberg in Schleswig, bei Andrée Nykamp, Marcus Petersen und bei den Lehrkräften der Kinder- und Jugendpsychiatrie in Starogard (Polen) bedanken. Für die redaktionelle Unterstützung vielen Dank an Felix Castello, für fachliche Unterstützung bedanken wir uns bei Dr. Martin Jung, Leiter der Klinik für Kinder- und Jugendpsychiatrie und -psychotherapie am Helios Klinikum Schleswig.

Flensburg,
im Sommer 2020

Armin Castello und
Gunnar Brodersen

1 Grundlagen: Depressivität bei Kindern und Jugendlichen

Dieses Kapitel vermittelt grundlegendes Wissen zu unterschiedlichen Formen depressiver Auffälligkeiten. Die Häufigkeit des Auftretens von Depressionen und deren quantitative und qualitative Veränderungen mit der Entwicklung im Kindes- und Jugendalter werden dargestellt. Ein Schwerpunkt liegt in der differenzierten Darstellung beteiligter Faktoren und Entstehungsbedingungen von Depressionen.

1.1 Formen depressiver Erkrankungen

Die *Kernsymptome* der verschiedenen Formen einer depressiven Erkrankung im Kindes- und Jugendalter liegen in einem ausgeprägten Interesseverlust, einer Reduktion des Antriebs und einem starken Gefühl der Niedergeschlagenheit. Der Begriff „Depression" repräsentiert allerdings sehr unterschiedliche Ausprägungsgrade und Formen des Störungsbilds (Groen & Petermann, 2011). In der Art der Symptomatik bestehen teilweise erhebliche Unterschiede zwischen Depressionen bei Kindern, Jugendlichen und Erwachsenen (vgl. Kapitel 1.3 in diesem Band).

Als häufigste Form gilt die unipolare Depression, sie stellt außerdem die typische Form einer Depression dar und wird in der ICD-10, dem Klassifikationssystem der Weltgesundheitsorganisation WHO (Dilling et al., 2016), auch als *depressive Episode* beschrieben. Um von einer Depression mit Störungsqualität zu sprechen, muss diese Episode über einen Zeitraum von mindestens zwei Wochen hinweg andauern (Groen & Petermann, 2011, S. 23). Eine unipolare Depression verläuft zumeist in wiederkehrenden (rezidivierenden) Episoden, die durch ein ausgeprägtes und nahezu ununterbrochenes Auftreten der Kernsymptome und oft auch weiterer Beschwerden gekennzeichnet sind. Die Schwere einer unipolaren Depression wird nach Ausprägungsgraden unterschieden (leicht, mittelgradig und schwer). Diese Abstufung orientiert sich an der Anzahl auftretender Symptome, die Kriterien einer unipolaren Depression mit Krankheitswert sind erfüllt, wenn mindestens vier Symptome auftreten (vgl. Kapitel 1.2 in diesem Band).

Die *bipolare Störung* ist eine Abfolge von Phasen, die im Wechsel jeweils gekennzeichnet sind durch manische oder depressive Zustände. Während in den depressiven Phasen vielfach die dargestellten Symptome der unipolaren Depression zu beobachten sind, ist eine manische Phase durch euphorische Zustände geprägt. Betroffene erleben dann ein reduziertes Schlafbedürfnis, ein extrem erhöhtes Selbstwertgefühl, zeigen ein hohes Maß an körperlicher Aktivität (Aufgedrehtsein) bei gleichzeitig hoher Ablenkbarkeit durch viele konkurrierende Ideen. Aufgrund von hyperaktiven und wenig rücksichtsvollen Verhaltensweisen in manischen Phasen werden sie häufig mit externalisierenden Störungen verwechselt. Bipolare Störungen verlaufen in einem zyklischen Wechsel von Aktivität und Euphorie einerseits und Antriebslosigkeit und Depression andererseits, unterbrochen durch einen Zustand der Normalisierung.

Die *dysthyme Störung* stellt eine Form der unipolaren Depression dar, die aber im Ausprägungsgrad der Symptome weniger gravierend ist und im Verlauf über einen längeren Zeitraum erstreckt. Kinder und Jugendliche sind im Fall einer dysthymen Störung über die meiste Zeit eines Tages durch Symptome einer Depression belastet, und dies gilt für einen Zeitraum von mindestens einem Jahr an über der Hälfte aller Tage. An diesen Tagen erleben sie Gefühle der Abgeschlagenheit, Müdigkeit, des Gereiztseins und der Überforderung bei gleichzeitig reduzierter Fähigkeit, schöne und erfreuliche Dinge zu genießen. Typischerweise treten auch Veränderungen des Essbedürfnisses in Form einer Steigerung oder Hemmung auf. Es entwickelt sich häufiger eine Irritation des Schlafs, wobei dies ein übermäßiges Bedürfnis nach Schlaf oder Schwierigkeiten beim Ein- oder Durchschlafen sein kann. Menschen, die unter einer dysthymen Störung leiden, können von den unterschiedlichen belastenden Symptomen einer Depression betroffen sein, wie einem reduzierten Selbstwertgefühl oder kognitiven Beeinträchtigungen, z. B. Aufmerksamkeits- oder Konzentrationsproblemen. Es entsteht oft, auch wegen der Dauer der Auffälligkeiten, ein Gefühl der Hoffnungslosigkeit; dysthyme Störungen werden daher bei Kindern und Jugendlichen auch als reizbare Verstimmung bezeichnet. Voraussetzung für die Diagnose dysthyme Störung ist das Vorliegen von mindestens zwei Symptomen (siehe Kapitel 1.2).

So genannte *Anpassungsstörungen* mit Depressionen zeichnen sich dadurch aus, dass sie kurze Zeit nach einem identifizierbaren Belastungsereignis eintreten. Sie stellen insofern eine Belastungsreaktion dar, die die depressiven Symptome zur Folge hat, aber Ausgangspunkt einer Anpassung auf eine neue Situation ist. Belastungen können z. B. der Verlust einer nahestehenden Person sein, die Trennung der Eltern, ein traumatisierendes Ereignis oder eine Erkrankung. Anpassungsstörungen mit Depressionen treten gemäß ICD-10 innerhalb eines Monats nach dem erkennbaren Belastungsereignis auf, allerdings sollten die Symptome nicht länger als 6 Monate anhalten.

Bei Kindern und Jugendlichen zeigen sich die Symptome eines *Burnouts* (Erschöpfungsdepression) häufig in Schlafstörungen und Essstörungen. Auch das Interesse an vormals attraktiven Beschäftigungen kann leiden, wenn Patienten im Jugendalter aufgrund einer schulischen Überlastung die Symptome des Burnouts entwickeln. Dieses Phänomen tritt bei Mädchen und jungen Frauen häufiger als bei männlichen Gleichaltrigen auf. Im Hintergrund liegt teilweise eine problematische Einstellung zu Schulleistungen bzw. ein unverhältnismäßig hoher Anspruch an deren Quantität und Qualität.

1.2 Symptombereiche von Depressionen

Depressionen müssen als ausgesprochen heterogenes psychisches Phänomen bezeichnet werden (Groen & Petermann, 2011). Übereinstimmend liegt ein hohes Maß an subjektiver Beeinträchtigung und eine Reduktion der Lebensqualität vor. Patienten berichten teilweise von einer als kaum erträglich empfundenen Niedergeschlagenheit, von geringem Interesse an Dingen, die sie eigentlich mögen, einer Reduktion ihrer Aktivitätsbereiche, einem Gefühl der inneren Leere, großer Langeweile, intensivem Grübeln und lähmender Antriebsarmut. Neben den Kernsymptomen gibt es eine lange Reihe weiterer Symptome, die individuell in sehr unterschiedlichen Variationen auftreten können.

Körperliche bzw. somatische Beschwerden zeigen sich z.B. in einem Gefühl der Kraftlosigkeit, die auch mit häufigen Ein- oder Durchschlafstörungen in Verbindung stehen. Schlaf wird von Betroffenen seltener als erholsam empfunden, das Schlafbedürfnis ist vielfach beeinträchtigend hoch oder aber gar nicht vorhanden. Ähnliche Irritationen erleben Patienten in ihrer Ernährung, also bei der Nahrungsaufnahme, Appetitregulation und Verdauung. Das Hungergefühl wird ständig oder aber gar nicht wahrgenommen, es können Phänomene der Verstopfung oder des Durchfalls auftreten.

Neben dem Kernsymptom der Niedergeschlagenheit mit einer Anmutung der Emotionslosigkeit durch abgeflachte Mimik und Gestik können sich andererseits *emotionale Symptome* entwickeln, die zu externalisierenden

Problemen führen. Belastend für die Patienten selbst, deren Angehörige aber auch Gleichaltrige und Lehrkräfte ist eine auftretende gereizte Grundstimmung mit aggressiven Verhaltenstendenzen. Dies kann soziale Ablehnung, Disziplinierungsmaßnahmen und soziale Isolation zur Folge haben, sodass eine negative Feedbackschleife entstehen kann, die die Symptomatik noch verstärkt.

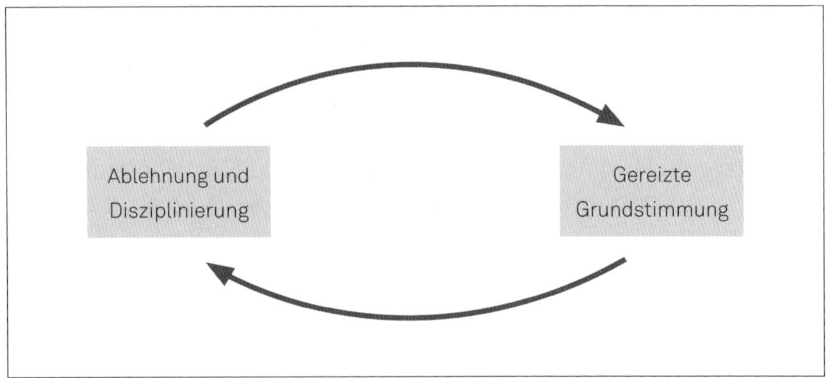

Abbildung 1: Negative Feedbackschleife „Disziplinierung und Verstimmung"

Auf diese Weise kann sich im Wechsel aus aggressivem Verhalten, negativen Rückmeldungen und entstehenden Schuldgefühlen eine zunehmende Schulunlust etablieren. So können schulische Fehlzeiten mit weiteren negativen Feedbacks entstehen, manche Schülerinnen oder Schüler brechen ihre schulische Laufbahn ab oder wechseln möglicherweise mehrfach die Schule.

Neben aggressivem, hyperaktivem oder sogar delinquentem Verhalten und möglichen Problemen im Klassenverband werden auch verhaltensbezogene Symptome in der entgegengesetzten Form sichtbar. So zeigen sich auch Apathie und psychomotorische Verlangsamung. Nonverbale Signale einer Depression können in einer reduzierten Körperspannung, einem maskenhaften oder emotionslosen Gesichtsausdruck, Vermeiden des Blickkontakts oder in einer leisen und monotonen Stimme liegen (Nevermann und Reicher, 2009, S. 199).

Bei manchen Jugendlichen kann der erlebte innere Zustand einer depressiven Episode zu einem Verhaltensmuster der Selbstverletzung führen. Denn Selbstverletzungen ermöglichen eine prompte Reduktion der als aversiv erlebten inneren Anspannung, sodass z. B. das „Ritzen" unmittelbar entspannend wirkt und dadurch verstärkt wird. Durch Reduktion der belastend negativen Gedanken und Linderung des emotionalen Zustands in Folge von Alkohol-, Medikamenten- oder Drogenmissbrauch kann sich ein problematisches Suchtverhalten festigen. Auch exzessives Videospiel und Internetsucht ist ein verbreitet beobachtbares Phänomen im Kontext von Depressionen bei Jugendlichen. Substanzgebundenes und -ungebundenes Suchtverhalten tritt deswegen insgesamt vermehrt auf.

Häufig verändert sich auch das *Denken* bei betroffenen Kindern und Jugendlichen. Dies gilt einerseits für ihre kognitive Leistungsfähigkeit, wie Konzentrations- und Merkfähigkeit, die allgemeine Belastbarkeit und die Geschwindigkeit des Denkens (siehe Kapitel 5.2). Die Folge hiervon kann sein, dass sich die schulische Leistung und damit auch deren Bewertungen negativ entwickeln. Auf diese Weise kann erneut eine negative Feedbackschleife entstehen, in der schulische Leistungen als Folge und/oder Ursache anderer depressionsbezogener Symptome verstanden werden müssen, wie z. B. ein negatives Leistungsselbstkonzept. Dieser Zusammenhang – zwischen schulischen Leistungen und Depressionen – ist für Lehrkräfte oftmals nicht auf den ersten Blick offensichtlich. In Kapitel 2 wird dieses Themenfeld vertiefend dargestellt.

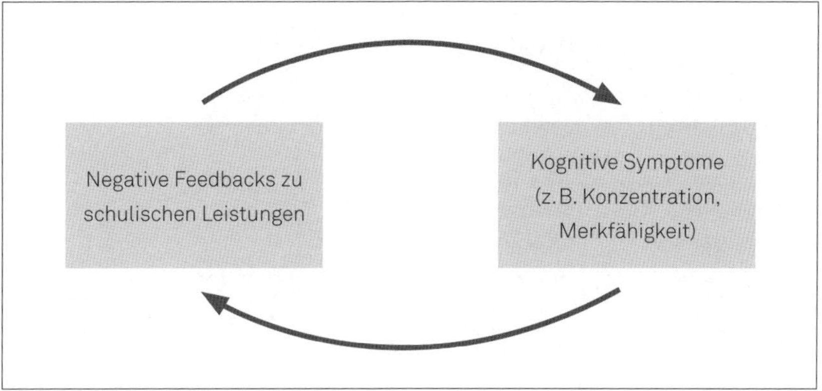

Abbildung 2: Negative Feedbackschleife von Schulleistungen und Depressivität

Neben leistungsbezogenen Veränderungen des Denkens ist bei Kindern und Jugendlichen mit Depressionen oft ein *Muster negativer Bewertungen* ihrer sozialen Umwelt, der eigenen Person und der Zukunft zu erkennen. Betroffene zeigen z. B. ein negativeres Körperbild und eine geringere Zufriedenheit mit ihren Familienbeziehungen (Wartberg et. al, 2018). Diese Bewertungen laufen zumeist kaum bewusst und nahezu automatisch ab. Sie bilden sich auf der Grundlage so genannter kognitiver Schemata und „blitzen" in entsprechenden Situationen nur sehr kurz auf. Kognitive Schemata können als fundamentale Annahmen bezeichnet werden, die den Umgang mit Informationen aus der Umwelt und darauf bezogenes Verhalten mit bedingen. Sie entwickeln sich im Laufe der individuellen Biographie z.B. durch eigene Erfahrungen oder durch das Lernen am sozialen Modell. Die daraus erwachsenden automatischen Gedanken laufen zumeist parallel zu anderen kognitiven Prozessen ab, sind allerdings nicht durch reflektierte Überlegung oder Schlussfolgerung entstanden. Man könnte sie vielmehr als automatisierte negative kognitive Verzerrung bezeichnen, die subjektiv als zutreffend, plausibel und selbstverständlich akzeptiert wird. Tabelle 1 gibt eine Übersicht zu den typischen Formen dysfunktionaler Kognitionen, wie sie im Kontext von Depressionen häufig zu beobachten sind.

Tabelle 1: Beispiele für kognitive Schemata, pädagogische Situationen und automatische Gedanken

Denkmuster/ Schemata	Beispielsituation	automatischer Gedanke
Neigung zum „Katastrophisieren“	Jugendliche schreibt eine Klausur und befürchtet eine schlechte Bewertung.	„Wenn das passiert, ist alles aus.“
Das Ausschließen oder Abwerten von Positivem	Eine gute schulische Leistung wird erbracht.	„Das ist doch nichts Besonderes.“
Alles-oder-nichts-Denken	Im Sportunterricht misslingt eine schwierige Übung.	„Ich bin nun völlig gescheitert, weil es nicht geklappt hat.“
Sicher und möglich als synonym betrachten	In der Vorbereitung auf eine Prüfung treten Fehler auf.	„So wird das sicher nie gelingen.“
Personalisieren	Der gesamte Klassenverband wird von einer Lehrkraft gerügt.	„Es liegt wieder mal an mir – ich bin schuldig.“
Gedankenlesen	Bei Wortmeldung wird ein Kind nicht aufgerufen.	„Sie (die Lehrerin) denkt, ich weiß die Antwort sowieso nicht.“
Verallgemeinern	Eine schlechtere Bewertung durch eine neue Lehrkraft.	„Daran sieht man, wie wenig ich eigentlich wirklich kann.“

In Phasen depressiven Erlebens verändert sich die Informationsverarbeitung derart, dass ein schnellerer Zugriff auf negative und dysfunktionale

Gedanken erfolgt. Teilweise können neben dysfunktionalen Kognitionen auch Gedanken an einen Suizid auftreten. Suizid ist eine der häufigsten Todesursachen im Jugendalter und etwa 15 % aller Menschen, die an einer schweren Form der Depression erkranken, begehen Selbstmord (Hautzinger, 2010) (siehe Kapitel 9.2).

Pädagoginnen und Pädagogen verbringen zumeist viel Zeit mit Kindern und Jugendlichen, können körperliche und psychische Veränderungen insofern unmittelbar erleben, verfügen aber zumeist nicht über eine ausreichende fachliche Qualifikation. Verschiedene einstellungsbezogene Stereotypen erschweren zudem das Erkennen vorliegender Symptome einer psychischen Belastung, wie z. B. dass Depressionen pubertätstypisch seien oder dass sich psychische Auffälligkeiten „herauswachsen". Hinzu kommt eine verständliche Tendenz zur Fehldeutung von Symptomen und ein Fokussieren auf externalisierende Auffälligkeiten. Eine pädagogische Initiative Kindern und Jugendlichen gegenüber zu begründen, die sich nicht unangemessen verhalten, fällt nicht immer leicht. Ein Nicht-Handeln erhöht allerdings das Risiko weiterer Auffälligkeiten (Gander & Buchheim, 2013).

Unsicherheit in der Deutung vorhandener Symptome zeigt sich bei vielen Beteiligten. Aufgrund der schwierigen Einordnung des Problemverhaltens ergeben sich bspw. häufiger Fehldiagnosen von Ärzten, die fälschlicherweise das in Zusammenhang mit einer Depression auftretende aggressive Verhalten als Hinweis auf eine Störung des Sozialverhaltens interpretieren (Huss, 2012, S. 40). Aber auch Eltern neigen dazu, den internalisierenden Symptomen (z. B. Ängsten oder Depressionen) ihrer Kinder weniger Gewicht beizumessen als den externalisierenden (z. B. störendes oder aggressives Sozialverhalten) (Klasen et al., 2017).

1.3 Alterstypische Symptome der Depression

Die Symptomatik einer Depression zeichnet sich in den unterschiedlichen Altersstufen durch typische Merkmale aus. Im Entwicklungsverlauf von Schülerinnen und Schülern wandelt sich das „Gesicht" einer Depression zumeist.

Im Kleinkindalter zeigen sich Symptome der Depression besonders durch Auffälligkeiten in der Entwicklung der Regulation wichtiger Grundfunktionen. Depressive Reaktionen werden dabei in Stimmungsschwankungen bzw. in Schwierigkeiten zur Regulation von negativen Emotionen sichtbar. Kleinkinder sind oft leichter irritierbar und unruhig, schreien oder jammern exzessiv und lassen sich nur schwer beruhigen. Ähnliches gilt für die Regulation des Essens und Schlafens, denn vielfach werden Fütterstörungen sowie Ein- und Durchschlafprobleme evident. Manche Kinder entwickeln massives selbststimulierendes Verhalten, wie z. B. Daumenlutschen oder stereotype Bewegungen. Desinteresse an der Umwelt mit altersuntypischer Spielunlust ist ein weiteres Symptomfeld. Auffällig ist auch ein Mangel an Kreativität in Spielsituationen sowie spielerische Ausdrucksarmut und Fantasielosigkeit im Umgang mit Gegenständen und Situationen, die eigentlich einen hohen Aufforderungscharakter haben.

Kinder im Kita- und Vorschulalter fallen durch emotionsarme Gestik und Mimik auf, entwickeln introvertiertes soziales Rückzugsverhalten und agieren dann auch häufiger sozial auffällig. Nicht selten werden zudem aggressive Verhaltenstendenzen benannt und ein hohes Maß an emotionaler Labilität. Die Kinder fallen öfter dadurch auf, dass sie sich nicht wirklich freuen können, und erleben vermehrt somatische Störungen, wie z. B. Kopf- oder Bauchschmerzen. Die Schwierigkeiten beim Essen und Schlafen bestehen häufig weiterhin.

Im Unterschied zu kleineren Kindern, die ihren emotionalen Zustand eher nonverbal erkennen lassen, können Kinder im Schulalter ihre Emotionen bereits beschreiben und haben einen hinreichend entwickelten Wortschatz, um negative Kognitionen – auch Suizidgedanken – zu artikulieren. Ablenkbarkeit, Unaufmerksamkeit und Konzentrationsprobleme zeigen sich mehr und mehr aufgrund der ansteigenden schulischen Leistungsanforderungen. Besonders gravierend sind im Schulalter die Schwierigkeiten aufgrund der gereizten Grundstimmung, die auch das soziale Miteinander beeinträchtigen kann.

Im Jugendalter entwickeln sich verstärkt Lern- und Leistungsprobleme. Betroffene leiden vermehrt unter einem geringeren Selbstvertrauen und einem Gefühl der Hoffnungslosigkeit, teilweise verstärken sich suizidale Gedanken. Essen und Schlafen sind weiterhin beeinträchtigt, es entstehen möglicherweise Gewichtsprobleme und eine subjektiv erlebte Energielosigkeit, die wiederum das Deprimiertsein verstärken. Zunehmend ergeben sich die depressionstypischen Schwankungen des Wohlbefindens im Tageszyklus, die Versuche zur Selbstmedikation durch Drogen nehmen zu (Groen und Petermann, 2011, S. 28). Viele Jugendliche beschreiben sehr unterschiedliche psychosomatische Probleme.

1.4 Häufigkeit und Verlauf

Im Grundschulalter liegt die Lebenszeitprävalenz für eine unipolare Depression bei Mädchen und Jungen gleichermaßen im Bereich 1 bis 2% (Groen & Petermann, 2008). Bei früh einsetzenden depressiven Erkrankungen besteht allerdings ein deutlich erhöhtes Risiko, dass die Störung chronifiziert und bis in die Adoleszenz und darüber hinaus bestehen bleibt (Wickramaratne et al., 2000).

Während vor der Pubertät die Geschlechterverteilung noch ausgewogen ist, verschiebt sich danach dieser Wert zu Ungunsten der jungen Frauen erheblich auf etwa 2:1. Die BELLA-Studie (Ravens-Sieberer, Wille & Bettge, 2007) konnte zeigen, dass sich im Selbsturteil 11- bis 17-jähriger Mädchen 9,7 % gegenüber nur 4,7 % bei gleichaltrigen Jungen durch die Symptome einer Depression beeinträchtigt fühlen. Die Symptome der Depression erfahren übergreifend ab dem 13. Lebensjahr einen signifikanten Anstieg, sodass die Prävalenz der Symptome einer Depression im Alter zwischen 12 und 17 Jahren einen Wert von 8,2 % erreicht (Wartberg et al., 2018). Im Rahmen der Bremer Jugendstudie (Essau, Conradt, Groen, Turbanisch & Petermann, 1999) gaben 42 % aller befragten Jugendlichen im Alter zwischen 12 und 17 Jahren an, sich bereits einmal über einen Zeitraum von mindestens zwei Wochen fast täglich traurig, niedergeschlagen oder deprimiert gefühlt zu haben – dies entspräche der Erfahrung einer depressiven Episode.

Die Wahrscheinlichkeit, dass eine depressive Episode ein Einzelfall bleibt, ist nicht sehr hoch. Nach einem Jahr ist ein großer Teil betroffener Kinder und Jugendlicher weiterhin erkrankt (Kovacs & Devlin, 1998), das Auftreten einer erneuten Episode ist eher die Regel als die Ausnahme (Kovacs et al., 1984). Nach fünf Jahren sind mehr als 75 % von einem Rückfall betroffen, was die Bedeutung präventiven Handelns unterstreicht. Es scheint sich bei Depressionen um einen psychischen Zustand zu handeln, der sich im Zusammenwirken bestimmter Merkmale einer Person und seiner Umwelt wiederholend einstellt. Die Wahrscheinlichkeit weiterer depressiver Episoden erhöht sich mit jedem „Rückfall“ noch mehr (vgl. Rojas, Geissner & Hautzinger, 2014). Aber auch bereits im Vorfeld einer Depression erleben viele Kinder und Jugendliche andere internalisierende und externalisierende psychische Auffälligkeiten. Mehr als ein Drittel berichtet von Angststörungen, aber auch Störungen des Sozialverhaltens gehen oft depressiven Episoden voraus oder damit einher.

Dass insgesamt die Häufigkeit einer Diagnose „Depression“ bei Kindern und Jugendlichen ansteigt, könnte zudem in Zusammenhang mit einer stärkeren öffentlichen Aufmerksamkeit und den Anstrengungen zur Prophylaxe von Suiziden stehen.

1.5 Entstehungsbedingungen

Die Entwicklung der Symptome einer Depression muss immer individuell betrachtet werden. Es ist wichtig, sie einzuordnen als psychische Reaktion im Kontext biologischer, psychologischer und sozialer Risiko- und Schutzfaktoren (Wartberg, Kriston & Thomasius, 2018). Diese Risiko- und Schutzfaktoren sind nicht unabhängig, sondern interagieren teilweise miteinander. Dieser Prozess wird in Abbildung 3 vereinfachend dargestellt und entlang dieser Darstellung werden nachfolgend Informationen zu den individuell möglicherweise wirksamen Faktoren erörtert.

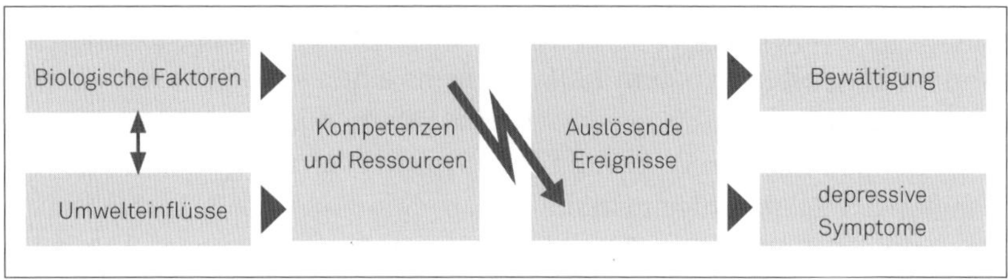

Abbildung 3: Entstehungsbedingungen von Depressionen

1.5.1 Biologische Faktoren

Als biologische Komponenten, die in der Entstehung einer Depression von Bedeutung sein können, sind genetische und epigenetische Faktoren relevant. Letztere stehen für eine Veränderung der Genexpression aufgrund von Merkmalen der Umwelt. Beide Faktoren können Prozesse des Hirnstoffwechsels beeinträchtigen mit der Folge einer Imbalance von Neurotransmissionen, d.h. einem Risikofaktor für die Entwicklung einer Depression.

Vergleicht man die Häufigkeit des tatsächlichen Eintretens einer Depression bei Menschen mit einer genetischen Vorbelastung mit der Häufigkeit in der Allgemeinbevölkerung, so zeigt sich für diese Gruppe ein deutlich erhöhtes Risiko (Weissman et al., 2006). Der Verlauf einer manifesten Erkrankung beginnt bei genetisch vorbelasteten Kindern früher, sie erkranken auch oftmals schwerer (Lieb et al., 2002), wobei eine Mehrfachbelastung Verlauf und Ausprägung ebenso ungünstig beeinflusst (Schulte-Körne & Allgaier, 2008). In Zwillingsstudien ergaben sich Befunde, die zeigen, dass der Anteil genetischer Faktoren wesentlich größer ist als der von vorhandenen Umweltfaktoren. Der Einfluss genetischer Faktoren wächst außerdem im Lauf des Jugendalters an; genetisch mitbedingt ist auch die Wahrscheinlichkeit einer erneuten Erkrankung (vgl. Schulte-Körne und Allgaier, 2008). Umgekehrt erkranken Kinder trotz möglicherweise vorhandener Umwelt-Risikofaktoren seltener an einer Depression, wenn ein entsprechender Genotyp vorliegt, der als Schutzfaktor wirkt. Auch die Wirksamkeit von sozialen Schutzfaktoren, wie z.B. die verfügbaren Bezugspersonen, ist durch die individuelle genetische Veranlagung mitbedingt. Und ob eine erlebte traumatische Erfahrung zur Auslösung einer Depression führt, ist zumindest teilweise abhängig von der individuellen genetischen Ausstattung.

Deutliche Stressbelastungen der Mutter während der Schwangerschaft, wie sie z. B. bei traumatischen Erfahrungen, heftigen Konflikten in der Partnerschaft oder bei vorhandenen psychischen Störungen auftreten, können in manchen Fällen zu den oben dargestellten epigenetischen Veränderungen führen, die wiederum die Wahrscheinlichkeit der Entwicklung von psychischen Auffälligkeiten steigern können (Stonawski et al., 2018).

Vorbelastete Eltern geben das Risiko einer Depression insofern in Form einer genetischen Disposition weiter, aber auch in Form einer depressionsbedingt potenziell belasteten Eltern-Kind Interaktion. Depressivität der Eltern muss daher als Risikofaktor bezeichnet werden mit einer erhöhten Disposition zu einer Depression im Kindes- und Jugendalter (Groen & Petermann, 2008).

Ebenso unter die Kategorie „biologische Risikofaktoren“ fällt das Merkmal Geschlecht, wie man an den im Jugendalter zunehmend ungleichen Prävalenzen erkennen kann. Frauen und Mädchen sind aufgrund dieses Faktors häufiger betroffen als Männer und Jungen. Außerdem steigen die Prävalenzen der Depression im Pubertätsalter insgesamt an, was auch auf vorhandene biologische Veränderungen zurückgeführt werden muss.

1.5.2 Umwelteinflüsse

Adoptionsstudien mit eineiigen Zwillingen, die über eine identische genetische Ausstattung verfügen, zeigen aber auch die Wirksamkeit von nichtgenetischen Faktoren der Umwelt des Kindes (Schulte-Körne & Allgaier, 2008). In der Familie finden frühe Erfahrungen mit nahestehenden Personen statt, die in der Entwicklung des Kindes eine wichtige Funktion erfüllen. Die weitreichende Bedeutung von frühen Erfahrungen mit Bezugspersonen basiert auf der hohen Plastizität kindlicher Entwicklung. Der evolutionsbiologische Vorteil dieser hohen Anpassungsfähigkeit ist gepaart mit der Notwendigkeit intensiver elterlicher Betreuung. Es finden Entwicklungsprozesse statt, die soziale, emotionale und kognitive Erfahrungen erwarten, um auf dieser Grundlage die weitere Entwicklung zu steuern.

Babys und Kleinkinder nehmen einen negativen inneren Zustand wahr (z. B. Müdigkeit, Hunger, Angst) und artikulieren dies z. B. durch Schreien, Weinen oder Jammern. Dies führt normalerweise dazu, dass Eltern dieses

Signal wahrnehmen und darauf prompt und angemessen reagieren. Daraufhin erlebt das Kind eine Beruhigung, Entspannung oder Reduktion seiner Bedürfnisse. Das Kind lernt dabei, dass das Artikulieren von Bedürfnissen und Emotionen positiv beantwortet wird. Eltern lernen, dass sie kompetent sind, die Bedürfnisse ihres Kindes adäquat zu beantworten. Es entsteht eine Interaktionsschleife, die Kinder und Eltern als positiv und befriedigend erleben. Kinder lernen im Zusammenspiel mit ihren Eltern das Regulieren von emotionalen Zuständen, wenn die Eltern z. B. das Kind in den Arm nehmen, trösten, Emotionen benennen und erklären, das Kind bewegen usf. Diese Strategien zur Regulation eines emotionalen Zustands werden im Laufe der Entwicklung des Kindes zunehmend verinnerlicht, sodass das Kind den vormals zwischen Eltern und Kind stattfindenden Prozess der Emotionsregulation immer besser selbstständig umzusetzen lernt. Die frühen Interaktionserfahrungen bedingen insofern die Entwicklung der Fähigkeit zur Regulation eigener Emotionen mit. Der elterlichen Feinfühligkeit in der Wahrnehmung kindlicher Signale und ihrer Fähigkeit zu einer konsistenten und angemessenen Antwort kommt hier eine besondere Rolle zu.

Eltern mit psychischen Belastungen zeigen eine geringere Feinfühligkeit im Umgang mit Kindern, sie sind weniger aufmerksam und reagieren weniger zuverlässig auf kindliche Bedürfnisse. Eltern, die die Symptome einer Depression entwickeln, geben in der Interaktion mit ihrem Kind weniger Struktur. Häufiger fehlt die wichtige teilnehmende Spiegelung der kindlichen Emotionen. Sie haben häufiger Probleme, die kindlichen Signale und Bedürfnisse wahrzunehmen. Eltern mit Depressionen ermutigen ihr Kind weniger häufig, seine Emotionen auszudrücken, und zeigen eine reduzierte Fähigkeit zur gemeinsamen Emotionsregulation – Depressionen sind eine Störung in der Regulation von Emotionen.

Durch die in depressiven Episoden auftretenden Phasen der Zurückweisung durch eine Bezugsperson können sich die Auswirkungen einer frühen emotionalen Deprivation des Kindes einstellen. Diese Auswirkungen elterlichen Nicht-Reagierens auf kindliche Bedürfnisse wurden experimentell nachgewiesen. Solche Kinder, die bereits früh die Erfahrung einer Depression bei ihren Eltern machten, reagierten auf das „still-face" ihrer Mutter weniger intensiv als solche Kinder, in deren Biografie keine depressiven Episoden der Mutter stattgefunden hatten. Dreijährige, deren Mütter unter psychischen Problemen leiden, zeigen im Alter von 6 Jahren insgesamt mehr Problemverhalten und emotionale Probleme (Bolten et al., 2016). Kinder passen sich also an eine soziale Umwelt an, die phasenweise nicht verfügbar, nicht feinfühlig und nicht unterstützend ist. Diese Reduktion der Sensitivität seitens der Eltern führt nachfolgend zu weniger verfügbaren Mitteln zum Umgang mit den eigenen negativen Emotionen bei den betroffenen Kindern. In der Mannheimer Risikokinderstudie konnte gezeigt werden, dass nach 25 Jahren die psychischen und kognitiven Auswirkungen einer postpartalen Depression der Mutter bei den bereits erwachsenen Kindern noch nachweisbar waren (Hohm et al., 2017). Diese Kinder waren im Grundschulalter in ihrer psychosozialen Entwicklung beeinträchtigt, wobei solche Mütter, die zwar nach der Geburt unter einer postpartalen Depression litten, im weiteren Verlauf aber feinfühlend agierten, diesen negativen Verlauf abmildern konnten.

Elterliche Depressionen sind häufiger mit ungünstigem Erziehungsverhalten assoziiert (Harvey et al., 2011). So kann z. B. im weiteren Entwicklungsverlauf während depressiver Episoden der Eltern immer wieder auch die Gefahr einer Kindesvernachlässigung entstehen. Auch fehlende emotionale Wärme oder ein hohes Maß an Strafe, Kontrolle und fehlende Unterstützung mit ausgeprägt autoritärem Erziehungsverhalten können auftreten und erhöhen wiederum das Risiko einer Depression des Kindes.

Dieses ungünstige Erziehungsklima zieht nicht selten einen weiteren Risikofaktor zur Entwicklung von Depressionen nach sich. Betroffene Kinder neigen dazu, negative Ereignisse internal stabilen Ursachen zuzuschreiben, d.h. die Ursache für eine negative Rückmeldung wird von ihnen automatisch der eigenen Person zugeschrieben. Diese dysfunktionalen Ursachenzuschreibungen (Attributionsstile) gelten als Risikofaktor der Depression (Abramson, Metalsky & Alloy, 1989). Insbesondere die Kombination aus einem ungünstigen Attributionsstil und belastenden Stressereignissen führt mit einer höheren Wahrscheinlichkeit zur Entwicklung der Symptome einer Depression bei Kindern oder Jugendlichen (siehe Kapitel 4).

Insgesamt stehen kindliche Depressionen sehr häufig in Zusammenhang mit einer Vielzahl familiärer Belastungen (Naab, Hauer, Vorderholzer & Hautzinger, 2015). Beispiele sind neben den frühen Interaktionsproblemen auch Effekte ungünstigen Modelllernens im Umgang mit Problemen sowie im Verständnis und im Ausdruck von Emotionen. Hinzu kommen die Auswirkungen einer familiären Weitergabe einer Präferenz zur Fokussierung auf negative Inhalte und automatische bzw. dysfunktionale Bewertungen.

Zu ergänzen ist hierbei, dass Depressivität und die sich damit für die Familie ergebenden Risiken bei alleinerziehenden Elternteilen überproportional häufig auftreten.

1.5.3 Auslösende Ereignisse

Potenziell auslösende Ereignisse einer Depression können sich auf verschiedenen Feldern zutragen. Todesfälle, Trennungen, Traumatisierungen oder Erkrankungen können bei den meisten Menschen zumindest vorübergehend Reaktionen bewirken, die einer Depression nicht unähnlich sind. Diese entsprechen der oben dargestellten Anpassungsstörung mit Depression, wenn die Kriterien einer Depression nicht erfüllt sind, ein identifizierbares Ereignis vorliegt und die Symptomatik nach einer Zeitspanne von maximal 6 Monaten wieder endet.

Posttraumatische Belastungsreaktionen sind in ca. 30 % aller Fälle zusätzliche Auslöser einer Depression (Perkonigg et al., 2000). Nach einem Unfall ist die Prävalenz einer Depression ebenso deutlich erhöht, gleiches gilt für Menschen, die unter einer Kriegs- oder Fluchterfahrung leiden, insbesondere dann, wenn zusätzlich Ungewissheit über den Verbleib oder den möglichen Verlust von nahestehenden Personen ertragen werden muss.

Familiäre Stressoren wie Trennungserfahrungen oder andauernde Konflikte können bei einer vorliegenden biologischen Disposition und biographischen Belastung ebenso Auslöser einer Depression sein. Auch schulische Überforderung kann die Symptome einer Depression vorhersagen; dies gilt insbesondere bei Jugendlichen. Eine präventive Reduktion der schulischen Belastung kann hier als Schutzfaktor wirken (Salmela-Aro, Savolainen & Holopainen, 2009). Potenziell auslösend wirkende Kontextmerkmale sind negative Handlungen von Gleichaltrigen in schädigender Absicht bei einem vorhandenen Ungleichgewicht der Kräfte. Dieses „Bullying“ kann physisch, verbal oder sozial stattfinden, in direkter oder indirekter Form. Es liegt ein starker Zusammenhang zwischen einer solchen Viktimisierung und Depressivität bei Schülerinnen und Schülern vor (Hawker & Balton, 2000).

Insbesondere Mädchen scheinen sehr zu leiden, wenn sich schulische Lernsituationen zunehmend kompetitiv darstellen. Weibliche Jugendliche legen oft einen größeren Wert auf schulische Erfolge als Jungen und sind vorhandenen Überforderungssituationen emotional stärker ausgesetzt.

Es besteht ein enger Zusammenhang zwischen der stressbezogenen Belastung und der Stärke der Depressionssymptome (Flynn & Rudolph, 2011). Stress kann sowohl als Auslöser als auch als aufrechterhaltender Faktor wirken. Negative Stressereignisse können zu negativer Stimmungsinduktion führen, die ihrerseits negative Kognitionen auslöst. Dies gilt ebenso in die entgegengesetzte Richtung.

1.5.4 Kompetenzen und Ressourcen

Als Reaktion auf das Eintreten einer Belastung wenden Kinder und Jugendliche unterschiedliche Bewältigungsstrategien an. Schützend und funktional ist es, in Belastungssituationen nach Lösungen zu suchen, die sich bereits bewährt haben. Hierzu zeigen Personen, die weniger zu Depressionen neigen, mehr und sinnvollere Aktivitäten, insbesondere in der Anwendung einer lösungsorientierten Perspektive und in der Suche und Annahme von sozialer Unterstützung. In Krisenzeiten wenden sie häufiger positive Selbstinstruktion an („ich schaff' das"), akzeptieren und konfrontieren sich mit vorhandenen Problemen, statt sie zu vermeiden. Sie unternehmen mehr Anstrengungen, um den vorhandenen Stress zielgerichtet unter Kontrolle zu bekommen. Erfolglose Strategien und Lösungsversuche werden rationaler und einsichtsorientiert beendet.

Kinder und Jugendliche mit Depressionen haben in ihrer Entwicklung oft weniger funktionale Reaktionsmuster und Strategien zur Stressbewältigung entwickelt. Sie reagieren zumeist weniger in Form eines Bewältigungsversuchs, sondern häufiger mit einer Tendenz zum wiederholenden Grübeln über entstandene Probleme, Anforderungen und Belastungen und vernachlässigen dabei die Suche nach einer passenden Lösung und wirkungsvollen Handlungsmöglichkeiten. So entsteht insbesondere bei Mädchen und jungen Frauen häufiger ein Muster der Verleugnung belastender Zustände und der Vermeidung von Stresssituationen (Schmidt-Gies & Lässle, 2014). Mädchen reagieren schneller mit Resignation und wenden weniger Selbstermutigung an bzw. lassen seltener eine positive Selbstinstruktion erkennen.

Kognitive Reaktivität, bei der vorhandene ungünstige (dysfunktionale) Gedanken durch erlebte negative Gefühle aktiviert werden, beschleunigt und verstärkt die ungünstige Interaktion zwischen Emotionen und Kognitionen (Kruijt et al., 2013), sodass eine negative Feedbackschleife in belastenden Situationen entsteht. Diese Wechselwirkung findet in depressiven Episoden vermehrt statt und kann auf diese Weise das Risiko eines Rückfalls erhöhen.

Das Nutzen von sozialen Ressourcen als Schutzfaktor in Krisenzeiten kann nur gelingen, wenn sie offensichtlich zur Verfügung stehen und wenn Erfahrungen und Kompetenzen vorliegen, wie man sie aktiviert. Letzteres ist eng verbunden mit den bereits in der frühen Kindheit entwickelten Erwartungen an die Zuverlässigkeit von sozialen Beziehungen, aber auch abhängig von Kompetenzen zur Kontaktaufnahme und Inanspruchnahme der sozialen Unterstützung. Manchen Kindern und Jugendlichen fehlen allerdings diese Voraussetzungen – sie sind angewiesen auf aktive soziale Unterstützung, wie sie in Familien und manchmal auch in Schulen gegeben wird. Es kann allerdings auch der Fall eintreten, dass die nähere Umgebung des Kindes selbst, Familie, Schule oder Gleichaltrige, nicht als Schutz-, sondern als Risikofaktor die vorliegenden Belastungen erst bewirken oder sogar noch verstärken. Erfahrungsgemäß liegen häufige Problembereiche bei Depressionen im Kindes- und Jugendalter gerade in der schulischen Umgebung, in der Familie und im Freundeskreis (Schmidt-Gies & Lässle, 2013).

Weitere Belastungsfaktoren, die einen positiven, bewältigenden Umgang mit Stressoren beeinträchtigen können, sind problematische Beziehungen zu Gleichaltrigen, besondere gesundheitliche Probleme, Beeinträchtigungen der persönlichen Sicherheit sowie Merkmale der sozialen Umwelt, die als Hindernis einer sozialen Integration erlebt werden, wie z. B. ethnische, religiöse, soziale Diskriminierung. Menschen, die sich als einsam in ihrer schulischen, familiären oder weiteren Umgebung erleben, empfinden alltägliche Belastungen schneller als Überforderung, als solche, die sich dort gut integriert fühlen (Lin und Huang, 2012).

Zusammenfassung

Neben der typischen Form, die oftmals in Episoden auftritt, können Depressionen als dysthyme Störung, als bipolare Störung und als Anpassungsstörung nach einem belastenden Ereignis auftreten. Die Symptome können sich auf der emotionalen und der kognitiven Ebene, im Verhalten und somatisch zeigen. Auch negativ verzerrtes Denken und Suizidalität können mit Depressionen einhergehen, wobei sich das Erscheinungsbild und die Häufigkeit von Depressionen während der kindlichen Entwicklung wandeln. Neben biopsychosozialen Ursachen können auch besondere Ereignisse an der Entstehung von Depressionen beteiligt sein. Familie und Schule sind potenzielle Schutzfaktoren, können aber auch an der Entstehung von Depressionen beteiligt sein.

2 Beeinträchtigungen im schulischen Alltag

Depressive Symptome machen sich in allen Lebensbereichen der Betroffenen bemerkbar und auch vor dem schulischen Alltag nicht Halt. Das vorliegende Kapitel gibt einen Überblick darüber, inwieweit sich kognitive und motivationale Prozesse, das emotionale Erleben und das Sozialverhalten von Kindern und Jugendlichen mit Depressionen verändern und schulische Leistungen sowie die Integration in den Klassenverband beeinflussen.

2.1 Kognitive Leistungsfähigkeit

Hinsichtlich schulischer Leistungen fallen kognitive Beeinträchtigungen, wie sie bei einer Depression in Erscheinung treten, besonders ins Gewicht: Sich auf eine Aufgabe zu konzentrieren und die Aufmerksamkeit über einen längeren Zeitraum aufrechtzuerhalten, fällt Kindern und Jugendlichen mit Depressionen häufig besonders schwer (z. B. Han et al., 2012). Ebenso ist die Geschwindigkeit, mit der Informationen verarbeitet werden, reduziert (Snyder, 2013). Der Schulunterricht stellt allerdings hohe Anforderungen an genau jene Fähigkeiten. Zudem sind Schülerinnen und Schüler im Unterricht vielfach mit Situationen konfrontiert, in denen sie spontane und impulsive Reaktionen zurückhalten müssen, um zunächst ein klares Aufgabenziel herauszuarbeiten und dieses konsequent zu verfolgen. Dazu gehört auch, dass Ablenkungen – beispielsweise durch Sitznachbarn, eine laute Geräuschkulisse oder aufkommende Gedanken – ignoriert werden, aufeinander aufbauende Handlungsschritte geplant und bezüglich verschiedener Verhaltensalternativen Entscheidungen getroffen werden müssen. Diese Prozesse (kognitive Operationen) werden den sogenannten exekutiven Funktionen zugeordnet (z. B. Aron, 2008; Miyake et al., 2000; Thompson-Schill, Bedny & Goldberg, 2005). Unter die exekutiven Funktionen fallen also Kontroll- und Regulationsprozesse zur Steuerung von Verhalten. Bei Menschen mit Depressionen sind diese exekutiven Funkti-

onen jedoch häufig beeinträchtigt (Snyder, 2013), d.h., Prozesse der Planung, Entscheidung und Überprüfung von Handlungen fallen den Betroffenen schwer. Konsistent dazu zeigen sich auf neuropsychologischer Ebene Veränderungen im vorderen Bereich des Gehirns (im präfrontalen Kortex); dieser spielt für die Steuerung der exekutiven Funktionen eine entscheidende Rolle (z.B. Levin, Heller, Mohanty, Herrington & Miller, 2007; siehe Kapitel 5.3.1).

Für den Schulalltag heißt das, dass es Kindern und Jugendlichen mit Depressionen schwerfällt, dem Unterrichtsgeschehen zu folgen, die Lerninhalte adäquat zu verarbeiten und Aufgabenstellungen zielgerichtet zu erledigen: Leistungseinbußen sind häufig die Folge.

2.2 Denkmuster und kognitive Schemata

Neben den genannten kognitiven Beeinträchtigungen wie mangelnder Merk- und Konzentrationsfähigkeit, die sich direkt auf schulische Leistungen auswirken, weisen Kinder und Jugendliche mit Depressionen häufig auch bestimmte Denkmuster und Überzeugungen auf, die sich ebenfalls im Unterricht bemerkbar machen: Diese dysfunktionalen Kognitionen, die in Kapitel 1.2 dargestellt wurden (z.B. Gedankenlesen, Alles-oder-nichts-Denken) beeinflussen zum einen das Verhalten im Unterricht selbst; zum anderen wirken sie sich darauf aus, wie Schülerinnen und Schüler mit Leistungsergebnissen (z.B. der Note in einer Klassenarbeit) umgehen. So wird die Annahme einer Schülerin oder eines Schülers, dass der Lehrer sicher denke, man wisse die Antwort ohnehin nicht (Denkmuster: Gedankenlesen), sich künftig wahrscheinlich eher mit Wortmeldungen zurückhalten. Auch eine Schülerin oder ein Schüler, die bzw. der eine falsche Antwort gegeben hat und der Meinung ist, sie bzw. er sei nun völlig gescheitert (Denkmuster: Alles-oder-nichts-Denken), wird voraussichtlich eher frustriert sein und Situationen, in denen Ähnliches noch einmal auftreten könnte, lieber vermeiden wollen.

Als Lehrkraft ist es von entscheidender Bedeutung, sensibel für derartige Denkmuster zu sein. Sie als übertrieben oder falsch darzustellen, ist in der Regel wenig hilfreich. Vielmehr sollte es das Ziel sein, die Gedanken und Schemata der Schülerinnen und Schüler anzuerkennen und anzunehmen (im Sinne einer Validierung) und den Schülerinnen und Schülern selbst die Möglichkeit zu bieten, alternative Denkmuster zu entwickeln. Denkmuster und subjektive Theorien gemeinsam mit den Schülerinnen und Schülern zu hinterfragen und auf ihre Richtigkeit hin zu überprüfen, sind dabei hilfreiche pädagogische Ansätze (vgl. Kapitel 3 und 6).

2.3 Motivation und Interesse

Motivation ist zunächst einmal ein abstrakter Begriff, mit dem erklärt werden soll, weshalb eine Person sich so verhält, wie sie sich verhält: Warum verfolgt jemand ein Ziel über eine lange Dauer und investiert viel, um auftretende Hindernisse zu überwinden, widmet sich dagegen aber einem anderen Ziel mit wenig Ausdauer und lässt davon ab, sobald es anstrengend wird? Offensichtlich gibt es für unser Verhalten so etwas wie einen *Antrieb*. Der Begriff Motivation kann als ein solcher Antrieb für Verhalten verstanden werden. Für den Unterricht bedeutet das, dass Schülerinnen und Schüler vor allem dann bereit sind, sich ausgiebig mit den Inhalten auseinanderzusetzen und sich bei Aufgaben anzustrengen, wenn sie einen starken Antrieb spüren. Dieser Antrieb kann sich dabei auf ganz unterschiedliche Aspekte beziehen: Wird das Thema als interessant empfunden, möchte man seine Fähigkeiten verbessern, macht der Unterricht Spaß, will man eine gute Note erreichen? Dann werden Motivation und Anstrengungsbereitschaft groß sein (für eine Differenzierung zwischen inneren und äußeren Antriebsfaktoren siehe Kapitel 4.1). Bei Kindern und Jugendlichen mit Depressionen stellt man häufig fest, dass sie das Interesse an Themen verlieren, mit denen sie sich vorher gern beschäftigt haben. In der Folge sinken die Anstrengungsbereitschaft und die Lernmotivation (die als Wunsch bezeichnet werden kann, „bestimmte Inhalte oder Fertigkeiten zu lernen“, Schiefele, 1996, S. 50). Die betroffenen Schülerinnen und Schüler fühlen sich träge und antriebslos. Resultieren kann das in allgemeiner Schulunlust (siehe Kapitel 1.2).

2.4 Fähigkeitsselbstkonzept

Werden Kinder und Jugendliche mit Depressionen nach der Einschätzung ihrer eigenen Fähigkeiten gefragt, stellt man fest, dass die Betroffenen sich häufig wenig zutrauen und ihre Fähigkeiten als gering einschätzen: Sie haben ein niedriges Fähigkeitsselbstkonzept (Stiensmeier-Pelster & Schöne, 2008). Dieses ungünstige Fähigkeitsselbstkonzept steht gemeinsam mit den oben genannten kognitiven Beeinträchtigungen in unmittelbarer Wechselwirkung zu den Rückmeldungen, die betroffene Schülerinnen und Schüler zu ihren Leistungen erhalten. Schneiden sie beispielsweise aufgrund mangelnder Konzentrationsfähigkeit in Leistungstests schlecht ab, fällt auch das Feedback entsprechend negativ aus, was die selbst gerichtete negative Bewertung noch verstärkt. Eine Herausforderung im Unterrichtsalltag ist es daher, derartige problematische Feedbackschleifen zu durchbrechen, indem bei den Rückmeldungen beispielsweise darauf geachtet wird, die Anstrengung als Einflussfaktor für gute Schulleistungen zu betonen. Schließlich ist die Anstrengung eine Komponente, die die Schülerinnen und Schüler unabhängig von ihren Fähigkeiten beeinflussen können. Die Überzeugung, dass mit größerer Anstrengung auch ein größerer Lernerfolg zu erreichen ist, trägt also dazu bei, dass Schülerinnen und Schüler eher bereit sein werden, viel in die Vorbereitung auf Leistungserhebungen wie eine Klassenarbeit zu investieren. Das Abschneiden in der Klassenarbeit wird dann wiederum zu einem großen Teil auf das Ausmaß eigener Anstrengung zurückgeführt, wodurch letztlich die Bemühungen für die nächste Klassenarbeit erneut angepasst werden. Man spricht bei dieser Art der Ursachenzuschreibung von einem günstigen Attributionsstil, der sich positiv auf die Lernmotivation auswirkt. In Kapitel 4.2 wird die Förderung eines günstigen Attributionsstils ausführlicher erläutert.

2.5 Emotionen und Lernen

Auch das emotionale Befinden in Lern- und Leistungssituationen wirkt sich auf die Leistungsergebnisse aus (Frenzel, Götz & Pekrun, 2009). Man kann im Wesentlichen von drei Prozessen ausgehen, wie Emotionen und Stimmungen das Lern- und Leistungsverhalten beeinflussen:

(1) *Allokation von Ressourcen.* Das Erleben intensiver Emotionen während einer schulischen Leistung (sowohl positiver als auch negativer Emotionen) bindet Aufmerksamkeit und erfordert unter Umständen emotionsregulierende Aktivitäten: Freude und Stolz wollen aufrechterhalten, Wut oder Enttäuschung reduziert werden. Kognitive Ressourcen werden bei intensiv erlebten Emotionen also mehr benötigt als in einer eher neutralen Stimmung (Meinhardt & Pekrun, 2003; Spies, Hesse & Hummitzsch, 1996). In der Konsequenz stehen dann weniger Ressourcen für die Bearbeitung schulischer Aufgaben zur Verfügung: Die Konzentration auf aufgabenbezogene Aspekte leidet, die Aufmerksamkeit wird von der Aufgabe abgelenkt, das kognitive Planen fällt schwerer. Bei Schülerinnen und Schülern, die am Unterrichtsgeschehen oder an Klassenarbeiten in gedrückter Stimmung teilnehmen, kann man entsprechend des Allokationsmodells also von einer negativen Auswirkung auf die schulische Leistung ausgehen.

(2) *Lernstrategien.* Wie Frenzel, Götz und Pekrun (2009) herausstellen, gehen positive und negative Stimmungen mit unterschiedlichen Lernstrategien einher. Bei Freude und Stolz gehen Schülerinnen und Schüler also anders an Aufgaben heran als bei Traurigkeit oder Frust. So begünstigt positive Stimmung eher divergentes und kreatives Denken, weshalb verständnisorientierte und flexiblere Strategien, z. B. Elaboration, verwendet

werden (siehe Kapitel 5.3). Negative Stimmung führt dagegen eher zu konvergentem, analytischem und detailorientiertem Denken und weniger flexiblen Strategien (z.B. Wiederholung).

(3) *Motivation.* Auch auf die Lernmotivation wirkt sich der emotionale Zustand aus (z.B. Pekrun, 2000, 2006). Aktivierende Emotionen wie Lernfreude und Stolz bewirken beispielsweise in der Regel, dass Lernen als belohnend empfunden wird. Schülerinnen und Schüler werden sich in diesem Fall also mit höherer Wahrscheinlichkeit anstrengen, um ein Erfolgserlebnis zu erreichen. Hoffnungslosigkeit, wie sie von Schülerinnen und Schülern mit Depressionen oft erlebt wird, gilt dagegen als deaktivierende Emotion und reduziert die Anstrengungsbereitschaft (Pekrun, 2000, 2006).

Generell lässt sich also sagen, dass Kinder und Jugendliche mit Depressionen bei der Regulation von Emotionen in der Schule Unterstützung benötigen. Auch das aktive Vorleben positiver Emotionen im Leistungskontext kann hilfreich sein.

2.6 Sozialverhalten

In Kapitel 1 wurde bereits darauf eingegangen, dass Kinder und Jugendliche mit Depressionen keineswegs nur ruhig, in sich gekehrt und traurig dasitzen, sondern häufig auch leicht reizbar sind, was den Kontakt zu Mitschülerinnen und Mitschülern erschweren kann. Auch aggressives Verhalten kann verstärkt auftreten. Insgesamt stellt das soziale Miteinander in der Klasse, das Kinder und Jugendliche ohnehin fordert, für Schülerinnen und Schüler mit Depressionen eine besondere Herausforderung dar. Ein häufig zu beobachtendes Vermeidungsverhalten der Betroffenen ist also nachvollziehbar: Sie ziehen sich, so gut es geht, zurück und reduzieren die Kontakte zu Mitschülerinnen und Mitschülern. Eine geringe Integration in die Klassengemeinschaft kann die Folge, gleichzeitig jedoch auch Grund für noch stärker ausgeprägtes Rückzugsverhalten sein. Fühlt sich eine Schülerin oder ein Schüler mit Depression wenig integriert und hat kaum enge soziale Beziehungen, nimmt auch die Tendenz zu, Probleme und Sorgen mit sich selbst ausmachen zu wollen, anstatt Hilfe zu suchen: Nicht selten schämen sich die Betroffenen für ihre Sorgen und sind der Überzeugung, sie müssten ihre Probleme selbst in den Griff bekommen; fehlen Vertrauensbeziehungen, ist die Hürde, andere anzusprechen und darüber zu sprechen, besonders hoch. Insgesamt kann die mangelnde soziale Integration neben den leistungsbezogenen Faktoren dazu beitragen, dass die Schulunlust der betroffenen Kinder und Jugendlichen steigt. Viele Programme zur Prävention von Depressionen beinhalten daher auch Bestandteile zur Förderung der sozialen Kompetenzen (siehe Kapitel 3).

2.7 Schulisches Beispiel

Das folgende Beispiel veranschaulicht die in den Kapiteln 2.1 bis 2.6 erläuterten Beeinträchtigungen, auf die jeweils in Klammern hingewiesen wird. Zu erkennen ist am Beispiel auch, dass die betroffenen Bereiche vielfältig sind und nicht isoliert voneinander, sondern in wechselseitigem Einfluss stehen.

> Jasmin besucht die 8. Klasse einer Gemeinschaftsschule. Ihre Klassenlehrerin beschreibt Jasmin als gute Schülerin, die in schriftlichen Arbeiten fächerübergreifend im Allgemeinen gute Noten erreicht und sich auch im Unterricht aktiv einbringt. Vor allem Deutsch und Biologie scheinen ihr Spaß zu machen: So hat sie im letzten Halbjahr im Deutsch-Unterricht ein tolles Referat über eine Lektüre gehalten und sich in einem Biologie-Projekt, bei dem die Schülerinnen und Schüler über einen 6-wöchigen Zeitraum verschiedene Pflanzenfamilien beobachten und bestimmen sollten, sehr engagiert. Doch seit einigen Wochen beobachtet die Klassenlehrerin eine Veränderung in Jasmins Auftreten. Bei schwierigeren Aufgaben scheint sie sich *nicht mehr richtig zu konzentrieren* und macht in der Folge Fehler, die von ihr bisher nicht zu erwarten waren. [Hinweis auf: Beeinträchtigung der kognitiven Leistungsfähigkeit - siehe Kapitel 2.1] Als die Lehrerin, die zu Jasmin eine gute Beziehung hat, sie nach einer 4 in der Mathe-Arbeit anspricht und fragt, woran es gelegen haben könnte, dass sie schlechter abgeschnitten hat als erwartet, antwortet Jasmin nur knapp: *„Ach, ich kann das eben nicht.“* [Hinweis auf: Geringes Fähigkeitsselbstkonzept und ungünstigen Attributionsstil - siehe Kapitel 2.4] Auch der Biologie-Lehrer berichtet, dass sich Jasmin seit einiger Zeit *so gut wie gar nicht mehr beteiligt. Die Hausaufgaben hat sie oft nicht dabei, und für das neue Projekt hat sie noch nichts vorbereitet.* [Hinweis auf: Geringe Motivation und Verlust von Interesse - siehe Kapitel 2.3] In einem Gespräch hat er ihr zurückgemeldet, dass sie so ihre gute Note aus dem ersten Halbjahr kaum halten könne. Jasmin war daraufhin *den Tränen nahe* [Hinweis auf: Verändertes emotionales Befinden - siehe Kapitel 2.5] und murmelte: *„Wenn ich das nicht schaffe, kann ich meinen Abschluss gleich abhaken.“* [Hinweis auf: Dysfunktionale Annahmen, hier: Katastrophisieren - siehe Kapitel 2.2] Insgesamt wirkt Jasmin häufig *niedergeschlagen und müde.* [Hinweis auf: Verändertes emotionales Be-

finden, Niedergeschlagenheit und Antriebslosigkeit - siehe Kapitel 2.5] In den Pausen, in denen sie sonst oft mit ihren Freundinnen in das Schulcafé gegangen ist, will sie in letzter Zeit öfter ihre Ruhe haben, wie sie sagt, und geht allein auf dem Schulhof spazieren. [Hinweis auf: Sozialen Rückzug - siehe Kapitel 2.6]

Zusammenfassung

Die schulischen Leistungen von Kindern und Jugendlichen sind während einer depressiven Episode häufig stark beeinträchtigt. Das hängt damit zusammen, dass die *kognitive Leistungsfähigkeit* (z.B. Konzentrationsfähigkeit, Aufmerksamkeit, Gedächtniskapazität) geschwächt ist. Hinzu kommen *negative Denkmuster,* die für ein produktives Mitarbeiten im Unterricht und insbesondere für die Verarbeitung von Leistungsfeedback dysfunktional sind. Dadurch entsteht oft ein *ungünstiges Fähigkeitsselbstkonzept:* Die betroffenen Schülerinnen und Schüler nehmen sich als inkompetent wahr und trauen sich wenig zu. Die *Lernmotivation* ist häufig gering, was sich darin äußert, dass die Schülerinnen und Schüler unter *Interesseverlust* leiden und es ihnen schwerfällt, sich im Unterricht anzustrengen. Auch das *emotionale Befinden* in Leistungssituationen beeinflusst das Lernverhalten und dessen Erfolg und führt in einer depressiven Episode dazu, dass weniger Ressourcen zur Bewältigung der schulischen Aufgabe zur Verfügung stehen, dass tendenziell ungünstigere Lernstrategien gewählt werden und dass die Anstrengungsbereitschaft eher gering ist. Neben den leistungsbezogenen Aspekten gilt es auch, das Sozialverhalten von Schülerinnen und Schülern mit Depressionen im Blick zu behalten, da das soziale Miteinander für sie oftmals eine besondere Herausforderung im Schulalltag darstellt und sie hinsichtlich ihrer sozialen Kompetenzen Unterstützungsbedarf haben.

3 Programme zur schulischen Prävention von depressiven Episoden

Der Prävention von depressiven Episoden kommt eine entscheidende Bedeutung zu. Schließlich ist die Symptomatik einer Depression vielfältig und umfasst bei Kindern und Jugendlichen neben emotionalen Auffälligkeiten auch wesentliche Beeinträchtigungen der schulischen Leistungen und sozialer Beziehungen im schulischen Umfeld (vgl. Kapitel 1 und 2). Um Schülerinnen und Schüler im Schulkontext zu unterstützen und potenziellen Auffälligkeiten, die sich zu einer depressiven Episode entwickeln könnten, frühzeitig zu begegnen, gibt es eine Reihe von Präventionsprogrammen. Viele von ihnen liegen in manualisierter Form vor (d.h., die Vorgehensweise ist in einem Handbuch schrittweise erläutert) und können von Lehr- oder anderen Fachkräften durchgeführt werden. Das Kapitel gibt einen Überblick über verschiedene Programme, die sich in der Praxis bewährt haben, damit sich depressive Symptome gar nicht erst verfestigen.

3.1 Universale und selektive Prävention

Mittlerweile gibt es zahlreiche manualisierte Programme, die als präventive Maßnahmen in der Schule eingesetzt werden können. Man unterscheidet dabei grundsätzlich zwischen universalen und selektiven Programmen: An universalen Programmen nehmen alle Kinder z.B. einer Schulklasse teil, unabhängig davon, ob bei ihnen ein erhöhtes Risiko festgestellt wurde, eine Depression zu entwickeln. An selektiven Programmen hingegen nehmen gezielt diejenigen Schülerinnen und Schüler teil, bei denen bereits erste Anzeichen einer depressiven Symptomatik erkannt worden sind, um dieser frühzeitig entgegen zu wirken. Universale und selektive Programme bringen dabei jeweils spezifische Vorteile mit sich. Selektive Programme beispielsweise können tendenziell individueller abgestimmt und die Inhalte u.U. tiefgreifender bearbeitet werden, weil alle teilnehmenden Kinder und Jugendlichen für eine Depression typische Beeinträchtigungen aufweisen. Zudem ist der personelle Aufwand in der Regel geringer als bei universalen Programmen, da mit weniger Teilnehmerinnen und Teilnehmern gearbeitet wird. Universale Präventionsprogramme sind dagegen im schulischen Kontext in der Regel logistisch leichter durchzuführen, weil sie alle Schülerinnen und Schüler einer Klasse berücksichtigen. Sie können also leicht in den schulischen Alltag integriert werden. Daraus resultiert auch, dass anstelle einer kleinen ausgewählten Zielgruppe tatsächlich alle Kinder und Jugendlichen von den eingesetzten Methoden und Übungen profitieren. Darüber hinaus wird bei den universalen Programmen durch den Einbezug aller Schülerinnen und Schüler eine Stigmatisierung von Kindern und Jugendlichen mit einer Depression vermieden, weil hier keine explizite Auswahl Betroffener erfolgt, die dann separiert ein bestimmtes Programm durchlaufen.

Im Vergleich zu den universalen Präventionsprogrammen liegen viele der selektiven Programme nur in englischer Sprache vor und müssten vor dem Einsatz in deutschsprachigen Schulen zunächst adaptiert werden. Aus diesem Grund liegt in diesem Kapitel der Schwerpunkt auf der Darstellung universaler Präventionsprogramme. Ein kurzer Abriss über selektive Programme findet sich am Ende des Kapitels (3.3).

Inhaltlich teilen viele präventive Programme einen theoretischen Hintergrund, der an Ansätze der kognitiven Verhaltenstherapie anknüpft. Diese hat sich bei der Arbeit mit Menschen, die an den Auswirkungen einer Depression leiden, etabliert und bewährt (eine Zusammenfassung positiver Effekte der kognitiven Verhaltenstherapie findet sich z.B. bei Durlak & Wells, 1997), und so greifen zahlreiche Präventionsmaßnahmen Aspekte daraus auf und integrieren sie in ein umfassendes Trainingskonzept, um die Ressourcen von Kindern und Jugendlichen zu stärken und potenzielle Risiken für die Entstehung einer Depression zu minimieren. Im Zentrum stehen dabei meist zwei grundlegende Ansätze: (1) die Bearbeitung dysfunktionaler, d.h. unrealistischer und selbstabwertender Gedanken und (2) die Förderung sozialer Kompetenzen.

3.2 Universale Präventionsprogramme

3.2.1 LARS & LISA: Lust an realistischer Sicht & Leichtigkeit im sozialen Alltag

Theoretische Einordnung

LARS & LISA (Pössel, Horn, Seemann & Hautzinger, 2003) ist ein Präventionsprogramm, das hoch strukturiert ist und innerhalb von 20 Schulstunden von zwei Trainerinnen oder Trainern durchgeführt werden kann. Die zentralen Ziele sind dabei, (1) angemessene positive Denkmuster aufzubauen und (2) soziale Kompetenzen zu fördern. Auf diese Weise werden Schutzfaktoren zur Vorbeugung depressiver Entwicklungen aufgebaut. Den theoretischen Hintergrund von LARS & LISA bildet das Modell der sozialen Informationsverarbeitung von Dodge (1986, 1993), an das die einzelnen Methoden und Übungen des Programms anknüpfen. Dodge geht davon aus, dass sich die soziale Informationsverarbeitung (also der Prozess von der Wahrnehmung eines Stimulus in einer sozialen Situation bis hin zum eigenen Verhalten) in insgesamt fünf Stufen vollzieht (siehe Abbildung 4). Bei der *Enkodierung* wird ein Stimulus selektiv wahrgenommen und im Kurzzeitgedächtnis gespeichert. Beispielsweise könnte ein Schüler auf dem Schulhof zwei Mitschüler wahrnehmen, die leise miteinander tuscheln und lachen. Für diesen Prozess spielen subjektive Erwartungen, Denkmuster

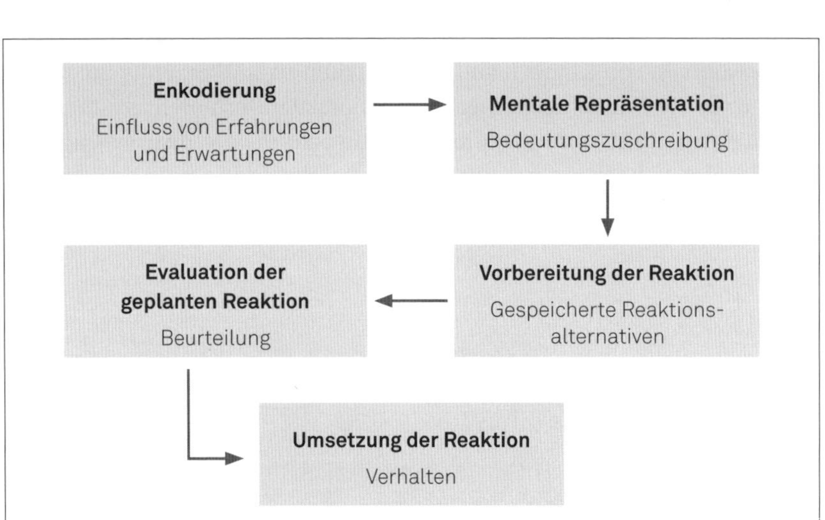

Abbildung 4: Das ursprüngliche Modell der sozialen Informationsverarbeitung nach Dodge (1986, 1993)

und frühere Erfahrungen eine Rolle, denn sie beeinflussen die selektive Wahrnehmung. Bei Kindern und Jugendlichen mit einer Depression wird die Enkodierung also häufig durch dysfunktionale Kognitionen und negative Schemata beeinflusst, sodass auch selektiv dazu konsistente Reize wahrgenommen und abgespeichert werden. Auf der nächsten Stufe, der *mentalen Repräsentation,* wird einem wahrgenommenen Reiz eine Bedeutung zugeschrieben. Wieder spielen bisherige Erfahrungen und subjektive Annahmen eine entscheidende Rolle: Welche Bedeutung dem Reiz gegeben wird, hängt nämlich weniger vom Reiz selbst, sondern in erster Linie von individuellen Erwartungen, Bedürfnissen und Zielen ab. Im oben genannten Beispiel könnte der Schüler möglicherweise annehmen, die beiden Mitschüler auf dem Schulhof lachen über ihn, da er vielleicht an seiner alten Schule oft ausgegrenzt wurde und er infolgedessen viele Selbstzweifel hat. Im nächsten Schritt wird in Form der *Vorbereitung einer Reaktion* eine mögliche emotionale Reaktion oder eine Verhaltensreaktion hervorgerufen. Dazu gehören körperliche Aktivität, erlebter Affekt und Verbalisierung. Bei der Vorbereitung der Reaktion wird auf assoziative Netzwerke im Gehirn zurückgegriffen (z. B. sozialer Rückzug in einer unangenehmen Situation wie der genannten auf dem Schulhof). Bei der *Evaluation und Selektion der Reaktion,* der vierten Stufe der Informationsverarbeitung, werden die zuvor vorbereiteten Reaktionen bewertet. In diese Bewertung fließen moralische Aspekte (ist die Reaktion moralisch „gut“ oder „schlecht“?), Akzeptabilität (ist die Reaktion in Ordnung?) und antizipierte Konsequenzen (was folgt daraus?) mit ein. Am Ende der vierten Stufe steht die Entscheidung, ob die entsprechende Reaktion in die Tat umgesetzt oder zurückgewiesen und eine alternative Reaktion ausgewählt wird. Der gesamte Prozess der Evaluation und Selektion kann bedingt durch starke Erregung, Ermüdung oder mangelnde emotionale Regulation beeinträchtigt sein oder sogar ausfallen. Bei Kindern und Jugendlichen mit einer Depression steht am Ende demzufolge häufig eine nicht ausgewogene Entscheidung der verfügbaren Reaktionsmöglichkeiten. Auf der fünften Stufe findet schließlich die *Umsetzung der Reaktion* statt. Dazu gehören alle sichtbaren bzw. messbaren Reaktionen, die neuronal gesteuert werden, also neben motorischer Aktivität auch verbale Reaktionen, autonome und hormonelle Aktivität. Laut Dodge erfolgen die Verarbeitungsschritte auf den einzelnen Stufen linear, also in einer festen Reihenfolge nacheinander. In der Realität haben wir es natürlich mit sehr vielen Stimuli zu tun, die alle eine Reaktion erfordern. Das Modell berücksichtigt diesen Aspekt und geht von einem dynamischen Prozess aus, der eine gleichzeitige Verarbeitung mehrerer Reize ermöglicht: Es können also beispielsweise neue Reize wahrgenommen und enkodiert werden, während parallel eine Reaktion auf einen vorherigen Reiz umgesetzt wird.

Aufbau und Durchführung

Der vorgesehene Zeitraum für die Durchführung des Programms umfasst zehn Wochen. In jeder Woche findet eine Sitzung statt, für die eine Doppelstunde (90 Minuten) benötigt wird. Pro Gruppe sollten zwei Trainer eingeplant werden, die mit dem Ablauf gut vertraut sind. So kann sich ein Trainer auf die Vermittlung der Inhalte konzentrieren, während der andere Trainer darauf achten kann, dass Regeln eingehalten werden. Auch die Arbeit in Kleingruppen ist mit zwei Trainern einfacher umsetzbar. Nach Möglichkeit sollten die Trainerinnen und Trainer keine Lehrkräfte sein, weil auf diese Weise eher eine offene, von schulischen Leistungen unabhängige Atmosphäre geschaffen werden kann. Es hat sich zudem als sinnvoll erwiesen, die Gruppen geschlechtshomogen zu gestalten, also das Programm mit Mädchen und Jungen getrennt voneinander durchzuführen. Die wichtige Selbstdarstellung vor dem anderen Geschlecht fällt dann weg, was sich günstig auf die Atmosphäre auswirkt: Die Teilnehmenden werden offener sein und letztlich stärker vom Programm profitieren. Die erste der zehn Doppelstunden dient der allgemeinen Einführung und dem Kennenlernen. Auch Verhaltensregeln zu Fairness, Unterstützung und Arbeitsatmosphäre werden hier aufgestellt. Die folgenden neun Sitzungen beinhalten fünf Bausteine:

(1) Formulierung persönlicher Ziele (*Find your aims;* Sitzung 2),
(2) Zusammenhang zwischen Kognitionen, Emotionen und Verhalten (*Magische Spirale;* Sitzung 3 und 4),
(3) Exploration und Veränderung dysfunktionaler Kognitionen (*Think;* Sitzung 5 und 6),
(4) Selbstsicherheitstraining (*Just do it;* Sitzung 7 und 8),
(5) Training sozialer Kompetenzen (*Get in touch;* Sitzung 9 und 10).

Es zeigt sich also, dass vor allem an einem kognitiven (Magische Spirale und Think) sowie einem sozialen Schwerpunkt (Just do it und Get in touch) gearbeitet wird.

Wirksamkeit von LARS & LISA

Die Autoren Pössel, Horn und Hautzinger haben neben messbaren Effekten auf die depressive Symptomatik auch die Akzeptanz bei teilnehmenden Jugendlichen erhoben (2003). Dabei gaben die Jugendlichen dem Programm insgesamt die Note „gut"; 67,6 % der Teilnehmer gaben bezüglich der kognitiven Trainingsinhalte an, etwas für ihren Alltag daraus gelernt zu haben; 60,9 % gaben dies bezüglich der sozialen Trainingsinhalte an. Hinsichtlich der depressiven Symptomatik zeigte sich in einer Evaluationsstudie (Pössel, Baldus, Horn, Hautzinger & Groen, 2005), dass die Symptomausprägung bei Jugendlichen einer Kontrollgruppe zu drei Messzeitpunkten (Post-Messung, 3-Monats-Follow-Up- und 6-Monats-Follow-Up-Messung) im Vergleich zu einer Prämessung signifikant anstieg, während ein solcher Anstieg bei Jugendlichen, die am Programm LARS & LISA teilgenommen hatten, verhindert werden konnte. Bei Jugendlichen, die bei der Prämessung bereits (subklinische) Symptome aufwiesen, konnte bis zur 6-Monats-Follow-Up-Messung ein signifikanter Rückgang der Symptome (mit einer mittleren Effektstärke von .42) festgestellt werden, während in der Kontrollgruppe kein Rückgang zu verzeichnen war.

3.2.2 Jugendpräventionsprogramm mit Expressivem Schreiben (JES)

Theoretische Einordnung

Während sich viele Präventionsprogramme an kognitiv-verhaltenstherapeutischen Ansätzen orientieren, steht bei JES (Horn & Hautzinger, 2003) das sogenannte Expressive Schreiben als zentrale Methode im Vordergrund. Das Expressive Schreiben ist ein Paradigma, das auf James W. Pennebaker zurückgeht (Pennebaker, 1997; Pennebaker & Beall, 1986): Hierbei schreiben die teilnehmenden Personen ihre Gedanken zu einem bestimmten Thema, beispielsweise einem belastenden Ereignis, als freien Text auf. Dadurch erfolgt eine sehr intensive Auseinandersetzung im Sinne einer Exposition mit dem spezifischen Ereignis und den individuellen Gedanken und Gefühlen. Wichtig dabei ist, dass die Personen sich voll darauf einlassen und sich selbst öffnen können (daher ist Anonymität in jedem Fall zu gewährleisten), nicht auf Grammatik- oder Rechtschreibfehler achten und den beim Schreibprozess ausgelösten Emotionen freien Lauf lassen. Studien konnten zeigen, dass Expressives Schreiben zahlreiche positive Effekte auf körperliche und psychische Gesundheit wie Lebenszufriedenheit (Frisina, Borod & Lepore, 2004; Smyth, Stone, Hurewitz & Kaell, 1999) und Verhaltensänderungen mit sich bringt (Lumely & Provenzano, 2003).

Aufbau und Durchführung

Das Jugendpräventionsprogramm mit Expressivem Schreiben besteht aus sechs Sitzungen à 45 Minuten und ist als Gruppenprogramm anwendbar. In der ersten Hälfte jeder Sitzung werden jeweils Hintergründe und spezifische Themen erarbeitet. So wird in der ersten Sitzung die Methode des Expressiven Schreibens eingeführt; gemeinsam werden Hypothesen diskutiert, inwiefern das Schreiben über belastende Ereignisse hilfreich sein könnte. In der zweiten Sitzung stehen das Stresserleben und die Entstehung von Stress im Vordergrund. Dazu wird die Annahme sogenannter Diathese-Stressmodelle vermittelt, dass das Auftreten von Stressoren vor allem dann Depressionen begünstigen kann, wenn Personen bereits eine Vulnerabilität, also dispositionelle Anfälligkeit für Stress aufweisen. Eine Vulnerabilität besteht häufig in einem ungünstigen Stressverarbeitungsstil (vgl. Nolen-Hoeksema & Morrow, 1991). In Form einer Stresswaage wird die Entstehung von Stress dargestellt: Hierbei gibt es eine Waagschale mit Stressoren und eine Waagschale mit „Stresskillern" (d.h. Möglichkeiten des Umgangs mit Stress, sogenannten Copingstrategien). Es wird veranschaulicht, dass Stress entsteht, wenn die Waagschale mit Stressoren schwerer ist als die der Stresskiller. Das Expressive Schreiben kann dabei als Gewicht betrachtet werden, das der Waagschale mit den Stresskillern beigefügt wird: Es ist ein wirkungsvoller Ansatz, um mit Stressoren umzugehen. In der dritten Sitzung beschäftigen sich die Teilnehmenden mit Emotionen: Hier wird insbesondere erarbeitet, wie bestimmte Emotionen erkannt und ausgedrückt werden können (Emotionsverständnis-, wahrnehmung und -ausdruck). In der vierten Sitzung wird die Gedankenunterdrückung thematisiert und deren Dysfunktionalität u.a. anhand des Experiments von Wegner (1994) zu paradoxen Effekten der Gedankenunterdrückung veranschaulicht. Wegner konnte zeigen, dass die Aufgabe, eine Minute lang *nicht* an einen weißen Bären zu denken, genau zum Gegenteil führt, dass nämlich der weiße Bär mental umso präsenter ist. Wegner begründet dies mit einem Überwachungsprozess, der kontrolliert, ob die kognitive Aufgabe (d.h. nicht an den weißen Bären zu denken), erfüllt wird. Dadurch sorgt der Überwachungsprozess jedoch selbst dafür, dass der weiße Bär mental repräsentiert, d.h. die Vorstellung des Bären aktiviert wird. Um diesen Effekt der Gedankenunterdrückung zu demonstrieren, werden die Jugendlichen also ebenfalls instruiert, eine Minute lang *nicht* an einen weißen Bären zu denken. Im Anschluss wird erörtert, warum die Gedankenunterdrückung keine hilfreiche Strategie ist und dass das Expressive Schreiben eine sinnvolle Alternative zum Umgang mit unerwünschten Gedanken darstellt. Die Unterdrückung von Emotionen steht in der fünften Sitzung im Mittelpunkt. Hier wird erarbeitet, dass die Unterdrückung des emotionalen Ausdrucks langfristig ungünstige Folgen haben kann. Spielerisch werden physiologische Veränderungen durch die Unterdrückung von Emotionen anhand eines Lügendetektors veranschaulicht. In der letzten Sitzung werden die Themen in Form eines Quiz dann noch einmal wiederholt. Die jeweils zweite Hälfte in jeder Sitzung besteht in der praktischen Durchführung des Expressiven Schreibens: 15 Minuten lang sollen die Jugendlichen ihre Gedanken und Gefühle bezüglich eines belastenden Ereignisses aus ihrem Leben schreiben.

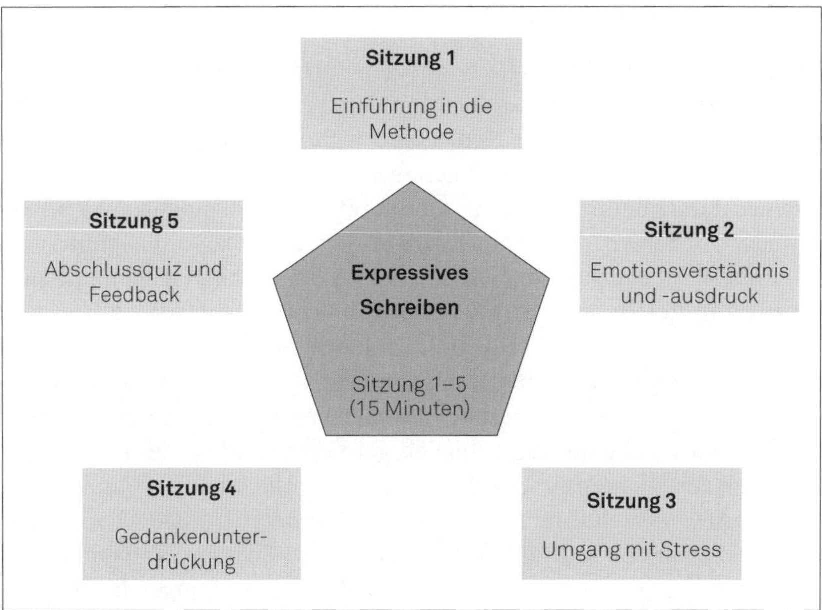

Abbildung 5: Bausteine des Trainingsprogramms JES (nach Horn & Hautzinger, 2003)

Wirksamkeit von JES

Horn, Pössel und Hautzinger (2002) fanden positive Effekte von JES auf das emotionale Erleben. So konnte durch die Teilnahme am Programm negativer Affekt reduziert werden. Auch auf das Verhalten wirkte sich JES positiv aus und führte zu weniger Fehlzeiten im Unterricht im Halbjahr nach der Teilnahme.

3.2.3 Resourceful Adolescent Program (RAP)

Theoretische Einordnung

Das Resourceful Adolescent Program (RAP) (Shochet & Wurfl, 2015; Shochet, Holland & Whitefield, 1997; Shochet, Whitefield & Holland, 1997) ist ein ursprünglich englischsprachiges Programm von Shochet und Mitarbeitern (1997), das mittlerweile in viele Sprachen, darunter auch ins Deutsche, übersetzt worden ist. Es orientiert sich überwiegend an kognitiv-verhaltenstherapeutischen Ansätzen (z. B. Problemlösefertigkeiten, kognitiver Umstrukturierung dysfunktionaler Gedanken). Das Ziel von RAP ist es, Resilienzfaktoren bei den Schülern zu unterstützen und so die Entwicklung depressiver Symptome frühzeitig zu unterbinden.

Aufbau und Durchführung

Es gibt zwei Versionen von RAP, eine Version für Jugendliche *(Resourceful Adolescent Program – Adolescents; RAP-A)* und eine Version für Jugendliche und ihre Eltern *(Resourceful Adolescent Program – Family; RAP-F)*. RAP-A ist für eine Gruppe von 8 bis 12 Jugendlichen ausgelegt und wird von einem Trainer durchgeführt. Das Programm umfasst elf Sitzungen à 40 bis 50 Minuten. In den ersten sieben Sitzungen liegt der Fokus auf kognitiv-verhaltenstherapeutischen Methoden. Hier werden Selbstmanagement- und Problemlösefertigkeiten vermittelt und die kognitive Umstrukturierung dysfunktionaler Gedanken eingeübt. In den Sitzungen 8 bis 10 geht es verstärkt um interpersonale Beziehungen. Mit Übungen, soziale Kontakte aufzubauen und aufrechtzuerhalten, sollen protektive Faktoren in der sozialen Entwicklung der Jugendlichen gefördert werden. Zusätzlich werden auch Fertigkeiten zur Deeskalation von Konflikten in der Familie trainiert. RAP-F besteht aus zwei Teilen: Zum einen wird RAP-A wie oben dargestellt mit den Jugendlichen durchgeführt. Zum anderen gibt es zusätzlich drei Gruppensitzungen, an denen die Eltern der Jugendlichen teilnehmen. Diese Sitzungen werden von zwei Trainern geleitet, und es sollten etwa drei Stunden pro Sitzung eingeplant werden. In der ersten der drei Eltern-Sitzungen geht es zunächst einmal darum, Stärken der teilnehmenden Eltern herauszuarbeiten (z. B. Einfühlungsvermögen der Eltern, Unterstützungsintentionen, etc.), aber auch Problemsituationen zu benennen und einen Umgang mit diesen zu erarbeiten. In der zweiten Eltern-Sitzung wird die Entwicklung von Jugendlichen in der Pubertät thematisiert, um die Eltern noch einmal nachhaltig für diese besondere Phase im Leben der Jugendlichen zu sensibilisieren. Außerdem sollen Strategien zur elterlichen Unterstützung eines hohen Selbstwertes der Jugendlichen und einer Balance zwischen Unabhängigkeit und Bindung an die Eltern vermittelt werden. In der dritten Eltern-Sitzung werden schließlich Strategien erarbeitet, um mit Konflikten in der Familie angemessen umzugehen und insgesamt Harmonie zu fördern.

Wirksamkeit von RAP

Shochet et al. (2001) führten eine Evaluationsstudie von RAP-A und RAP-F durch und konnten zeigen, dass die depressiven Symptome von Jugendlichen, die an dem Programm teilnahmen, sowohl in der Post-Messung (d. h. unmittelbar nach der Teilnahme) als auch zehn Monate später signifikant zurückgegangen waren. Bemerkenswert ist, dass die Effekte von RAP-A und RAP-F vergleichbar waren, d. h. der Einbezug der Eltern scheint nicht zu einer stärkeren Reduktion depressiver Symptome beizutragen. Es wurde jedoch nicht untersucht, ob sich dies auf andere Variablen wie beispielsweise die allgemeine Zufriedenheit oder die Akzeptanz des Programms auswirkt.

3.2.4 FREUNDE

Theoretische Einordnung

Das Programm FREUNDE (englischsprachige Originalversion: FRIENDS von Barrett, Lowry-Webster & Turner, 2000; deutsche Bearbeitung von Essau & Conradt, 2003) wird von den Autoren selbst als *Trainingsprogramm zur Prävention von Angst und Depression* bezeichnet. Ein wichtiges Merkmal dieses Programms ist also, dass darin nicht allein auf eine depressive Symptomatik fokussiert wird, sondern auch die Prävention von Angst (in erster Linie sozialer Angst) ein zentrales Anliegen darstellt. Angst und Depression treten häufig zusammen auf (Essau, 2002), und so steht mit FREUNDE ein Programm zur Verfügung, das an beiden Störungsbildern ansetzt. Das Programm basiert auf der Annahme eines Zusammenwirkens *kognitiver, physiologischer und lernbezogener Prozesse.* In diesen drei Bereichen sollen Techniken und Fähigkeiten vermittelt werden, sodass die teilnehmenden Schülerinnen und Schüler Schutzfaktoren aufbauen und mit herausfordernden Situationen kompetent umgehen können.

Aufbau und Durchführung

FREUNDE ist als Gruppenprogramm konzipiert. Es kann entweder in kleineren Gruppen (bis zu 12 Teilnehmer) mit einem Gruppenleiter oder in größeren Gruppen (z.B. einer Schulklasse) mit mehr als einem Gruppenleiter durchgeführt werden. Gruppenleiter können Lehrkräfte, Psychologen, Sonderpädagogen oder andere Fachkräfte sein. Es wird empfohlen, vorab an einem Gruppenleitertraining teilzunehmen, um sich bestmöglich mit der Rolle als Gruppenleiter und den zu vermittelnden Prinzipien und Techniken vertraut zu machen. Neben einem Gruppenleitermanual liegt ein Arbeitsbuch für die teilnehmenden Kinder vor, das für jede Sitzung Materialien beinhaltet. Insgesamt umfasst das Programm zehn Sitzungen à 45 bis 60 Minuten, die nach Möglichkeit mindestens einmal pro Woche stattfinden sollten. Im Anschluss an das Programm werden noch zwei Auffrischungssitzungen im zeitlichen Abstand von je einem Monat durchgeführt. Zusätzlich zu den Sitzungen mit den teilnehmenden Schülerinnen und Schülern gibt es auch vier Elternsitzungen, bei denen gezielt mit den Eltern gearbeitet wird. In den FREUNDE-Sitzungen werden den Teilnehmern Fertigkeiten aus den oben genannten Bereichen (physiologischer

Bereich, kognitiver Bereich und Lernen) vermittelt. Im physiologischen Bereich wird beispielsweise das Bewusstsein für Körperprozesse trainiert. Dazu gehört in erster Linie zu erkennen, was sich auf körperlicher Ebene verändert, wenn man nervös oder besorgt ist (z.B. Schwitzen, flache Atmung etc.). Auch die Verbindung zwischen körperlichen Veränderungen und auslösenden Situationen herzustellen, wird hier geübt. Darüber hinaus lernen die Teilnehmer Techniken zur Entspannung (z.B. tiefes Atmen, gezieltes An- und Entspannen von Muskeln). Im kognitiven Bereich geht es um Gedanken, die die Kinder und Jugendlichen über sich selbst, über andere und über bestimmte Situationen haben. Diese sind bei Kindern und Jugendlichen häufig verzerrt und von einer negativen Sicht auf sich und die Umwelt geprägt. Mittels positiver Selbstgespräche sollen die Teilnehmer lernen, diese negativen und wenig hilfreichen Gedanken durch positivere und hilfreiche Gedanken zu ersetzen. Auch eine realistischere Einschätzung der eigenen Fähigkeiten soll beispielsweise durch Selbstbelohnung für Teilerfolge oder hohe Anstrengung erreicht werden. Der Bereich Lernen bezieht sich schließlich auf den Erwerb neuer Fähigkeiten. Das Problemlösen, die Exposition mit angstauslösenden Situationen anstelle von Vermeidungsverhalten und ein angemessenes Belohnungssystem sind hierbei zentrale Prinzipien.

Wirksamkeit von FREUNDE

Das FREUNDE-Programm ist eine Weiterentwicklung der englischsprachigen Trainingsprogramme *Coping Cat* (Kendall, 1990) und *Coping Koala* (Barrett, 1995) und resultiert aus entsprechend langjähriger Entwicklung und Forschung. Shortt, Barrett und Fox (2001) untersuchten die Effektivität der englischsprachigen Version (FRIENDS) bei Kindern im Altern von sechs bis zehn Jahren, die an unterschiedlichen Angststörungen litten. Nach der Teilnahme an FRIENDS wiesen 69 % der Kinder, die vorher eine Angststörung diagnostiziert hatten, nicht mehr die diagnostischen Kriterien auf, während dies in einer Kontrollgruppe nur 6 % waren. Zudem berichteten Eltern und Kinder eine hohe Zufriedenheit mit dem Programm, was nicht zuletzt für eine hohe Motivation spricht, an dem Programm engagiert teilzunehmen. Auch für die deutsche Version von FREUNDE liegt eine Evaluationsstudie vor, bei der insgesamt 124 Grundschulkinder (50 Mädchen und 74 Jungen) teilnahmen (Essau, 2002). Die Teilnahme am FREUNDE-Programm führte zu einer signifikant reduzierten Angstsymptomatik und zu einer Verbesserung der sozialen Kompetenzen. Das FREUNDE-Programm stellt also ein wirksames und vielversprechendes Trainingsprogramm dar, das unkompliziert im schulischen Kontext eingesetzt werden kann.

3.2.5 Gesundheit und Optimismus (GO!)

Theoretische Einordnung

Ähnlich wie das FREUNDE-Programm soll das schulbasierte Präventionsprogramm GO! (Junge, Neumer, Manz & Margraf, 2002) neben einer depressiven Symptomatik auch Angstsymptomen vorbeugen, womit es ebenfalls eine Sonderrolle bei den Präventionsprogrammen einnimmt. Es bezieht sich dabei in erster Linie auf kognitiv-verhaltenstherapeutische Ansätze.

Aufbau und Durchführung

GO! kann unter Anleitung einer Trainerin oder eines Trainers mit einer Gruppe von 8 bis 12 Teilnehmern oder unter Anleitung mehrerer Trainerinnen und Trainer mit der gesamten Schulklasse durchgeführt werden. Bei der Trainerin oder dem Trainer sollte es sich um eine Psychologin bzw. einen Psychologen, Pädagogin bzw. Pädagogen oder Sozialpädagogin bzw. Sozialpädagogen handeln. Das Programm umfasst acht Sitzungen, die jeweils für eine Doppelstunde, d.h. 90 Minuten, ausgelegt sind. Es gibt vier Schwerpunkte: (1) einen kognitiven Schwerpunkt, bei dem neben Wissensvermittlung v.a. ungünstige Attributionsmuster und andere Fehlinterpretationen erkannt, in Frage gestellt und durch realistischere und günstigere Alternativen ersetzt werden sollen, (2) Übungen zur Selbstkonfrontation mit aversiven Situationen, (3) ein Training sozialer Problemlösestrategien, das auf das Herausarbeiten von Absichten und Zielen fokussiert, und (4) ein Training von Bewältigungsstrategien zum Umgang mit Angst. Darüber hinaus gibt es weitere Bestandteile des Programms, die Copingstrategien bei Konflikten mit den Eltern, Förderung von Selbstsicherheit sowie Entspannungstechniken umfassen.

Wirksamkeit von GO!

GO! führte in einer Evaluationsstudie (Junge-Hoffmeister, Annen & Margraf, 2007; Manz, Junge & Margraf, 2001) zu einem stabilen Zuwachs an relevantem Wissen über Stress, Angst und Depressivität. Zudem konnten in den Bereichen dysfunktionale Kognitionen, Vermeidungsverhalten und soziale Probleme positive Effekte festgestellt werden. Diese Effekte waren aber eher klein und bei einer 15-Monate-Follow-Up-Erhebung nicht mehr stabil.

3.3 Selektive Präventionsprogramme

3.3.1 Familienorientiertes Präventionsprogramm (Beardslee, Salt et al., 1997)

Leidet ein Elternteil an einer affektiven Störung, stellt dies für die Entwicklung einer Depression bei den Kindern einen bedeutsamen Risikofaktor dar. Das familienorientierte Präventionsprogramm trägt diesem Risikofaktor Rechnung, indem es speziell für Kinder konzipiert ist, bei denen mindestens ein Elternteil an einer affektiven Störung leidet. Ziele des Programms sind es also, die Wirkung einer affektiven Störung im Elternhaus als Risikofaktor zu minimieren und resilientes Verhalten der Kinder zu fördern. Dabei gibt es zwei Varianten des familienorientierten Präventionsprogramms: (1) ein Einzelprogramm für Kinder und Eltern, das von einer Fachkraft aus dem klinischen Bereich geleitet wird und sechs bis zehn Sitzungen umfasst, an denen teilweise nur die Kinder oder nur die Eltern teilnehmen (zuzüglich einer ergänzenden Familiensitzung) sowie (2) ein Elternprogramm, das aus zwei einstündigen Vorträgen mit anschließender Diskussion besteht. Eine Evaluationsstudie zeigte, dass die Teilnehmer von beiden Programmen profitierten, die positiven Effekte aber beim Einzelprogramm signifikant größer als bei der Vortragsform waren (z. B. mehr Verständnis der Jugendlichen für die affektive Störung ihrer Eltern sowie eine bessere Funktionalität; Beardslee, Wright, Salt & Drezner, 1997), was aufgrund der Struktur mit sechs bis zehn Sitzungen beim Einzelprogramm im Vergleich zu zwei Vorträgen erwartungsgemäß ist. Dennoch wird dadurch deutlich, dass auch mit sehr geringem Aufwand (zwei Vorträge mit Diskussion) bereits positive Effekte erzielt werden können.

3.3.2 Coping with Stress (Clarke et al., 1995)

Coping with Stress ist an das Therapieprogramm *Adolescent Coping with Depression* (CWD-A) angelehnt, ist dabei aber explizit für Jugendliche mit subklinischer Depression konzipiert. Das Programm umfasst 15 Sitzungen à 45 Minuten, die idealerweise nach dem Schulunterricht stattfinden sollten. Es wird empfohlen, drei Sitzungen pro Woche durchzuführen, sodass sich das gesamte Programm auf fünf Wochen verteilt. In den einzelnen Sitzungen werden vielfältige Übungen implementiert: ein Training sozialer Kompetenzen, der Aufbau angenehmer Aktivitäten, Übungen zur Selbstbeobachtung der Stimmung, Entspannungstechniken, Förderung funktionalen Denkens und der Problemlösefähigkeit sowie ein Training der kommunikativen Fähigkeiten. Wie eine Evaluationsstudie zeigte, konnten die

Depressionswerte von Jugendlichen, die an Coping with Stress teilnahmen, im Vergleich zu einer Kontrollgruppe signifikant reduziert werden. Nach zwölf Monaten waren diese Effekte nicht mehr signifikant, die Prävalenzen der Diagnosen einer Major Depression und Dysthymie waren hingegen auch hier signifikant geringer als in der Kontrollgruppe. Eine deutsche Version von Coping with Stress liegt bislang nicht vor, allerdings lässt sich eine auf zehn Sitzungen verkürzte deutschsprachige Version des CWD-A-Therapieprogramms von Ihle und Herrle (2002) auch zur selektiven Prävention nutzen. Auch für diese Version konnten bereits positive Effekte im Sinne einer Reduktion der depressiven Symptomatik und des irrationalen Denkens nachgewiesen werden (Ihle, Jahnke, Spieß & Herrle, 2002).

Zusammenfassung

Präventionsprogramme sollen Kindern und Jugendlichen dabei helfen, möglichst frühzeitig Schutzfaktoren aufzubauen, um das Risiko für die Entstehung einer depressiven Episode zu reduzieren. Es gibt universale Programme, die sich an alle Schülerinnen und Schüler richten, und selektive Programme, bei denen nur solche mit erhöhtem Risiko bzw. ersten Anzeichen einer Depression teilnehmen. Die meisten Präventionsprogramme beinhalten Methoden, die sich an der kognitiven Verhaltenstherapie orientieren, um funktionale statt dysfunktionale Gedanken zu entwickeln und die sozialen Kompetenzen zu stärken. Es gibt aber auch alternative Ansätze, die beispielsweise auf expressivem Schreiben beruhen. Viele Präventionsprogramme sind von Lehrkräften durchführbar; z. T. ist die Teilnahme an einer entsprechenden Fortbildung erforderlich.

Tabelle 2: Universale Programme zur Prävention von Depressionen (nach Pössel & Hautzinger, 2003)

Zielgruppe	Programm	Umfang	Zentrale Bestandteile/Ziele
	Universale Programme		
Ca. 1. bis 5. Klasse (7–12 Jahre)	FREUNDE (Essau & Conradt, 2003)	10 Sitzungen (à 45–60 Minuten)	• Neben depressiver Symptomatik ist auch soziale Angst ein Schwerpunkt • Drei Bereiche: (1) physiologisch, (2) kognitiv, (3) Lernen neuer Fertigkeiten
7. und 8. Klasse	LARS & LISA (Pössel, Horn, Seemann & Hautzinger, 2004)	10 Sitzungen (à 90 Minuten)	• Förderung positiver Denkmuster • Training sozialer Kompetenzen
8. Klasse	JES (Horn & Hautzinger, 2003)	6 Sitzungen (à 45 Minuten)	• Expressives Schreiben über ein belastendes Ereignis • Auch theoretische Inhalte werden vermittelt (z. B. Emotionsverständnis)
9. Klasse	RAP (Shochet, Whitefield & Holland, 1997)	11 Sitzungen (à 40–50 Minuten) und ggf. 3 Eltern-sitzungen (à 180 Minuten)	• Orientiert sich an kognitiver Verhaltenstherapie (Problemlösefertigkeiten, kognitive Umstrukturierung) • Zwei Versionen: (1) für Jugendliche, (2) für Jugendliche mit ihren Eltern

Tabelle 2: Fortsetzung

Zielgruppe	Programm	Umfang	Zentrale Bestandteile/Ziele
Ca. 7.–13. Klasse (13–18 Jahre)	GO! (Junge, Neumer, Manz & Margraf, 2002)	8 Sitzungen (à 90 Minuten)	• Vier Bereiche: (1) kognitive Prozesse (z. B. Attributionen), (2) Selbstkonfrontation, (3) soziale Problemlösestrategien, (4) Bewältigungsstrategien für Angst
	Selektive Programme		
Ca. 2. bis 9. Klasse (8–15 Jahre; ein Elternteil mit affektiver Störung)	Familienorientiertes Präventionsprogramm (Beardslee et al., 1997)	6–10 Sitzungen bzw. 2 Elternvorträge	• Wirkung der affektiven Störung eines Elternteils als Risikofaktor soll minimiert werden
Ca. 7. bis 13. Klasse (13–18 Jahre)	Coping with Stress (Clarke et al., 1995)	15 Sitzungen (à 45 Minuten)	• Beinhaltet vielfältige Übungen z. B. zur Förderung sozialer und kommunikativer Kompetenzen, Stimmungsmonitoring, Entspannung, funktionales Denken

4 Schulische Förderung bei motivationsbezogenen Symptomen von Depression

Motivationale Aspekte sind für die schulische Leistung von Kindern und Jugendlichen von herausragender Bedeutung: Die Bereitschaft, sich am Unterrichtsgeschehen zu beteiligen, oder ein hohes Interesse, sich über den Unterricht hinaus mit Lerninhalten auseinanderzusetzen, wirken sich positiv auf die Schulleistungen aus. Der Verlust von Interesse und Antrieb, wie er bei Schülerinnen und Schülern mit Depressionen auftritt, führt entsprechend mit hoher Wahrscheinlichkeit zu geringeren Leistungen. Das vorliegende Kapitel befasst sich daher mit Grundlagen der Motivationsforschung und beschreibt vielfältige Methoden, mit denen Fachkräfte motivationsbezogenen Beeinträchtigungen von Schülerinnen und Schülern mit Depressionen begegnen können. Diese beinhalten sowohl umfangreichere Ansätze, die im Rahmen von Trainings umgesetzt werden, als auch einzelne Komponenten, die sich in den Unterricht, in Aufgabenstellungen und Instruktionen integrieren lassen.

4.1 Intrinsische und extrinsische Motivation

Motivation kann als *Antrieb* für menschliches Verhalten verstanden werden (siehe Kapitel 2.3). Verantwortlich für diesen Antrieb können innere oder äußere Faktoren sein; man spricht demzufolge auch von intrinsischer und extrinsischer Motivation. Mit intrinsischer Motivation ist gemeint, dass eine Person eine bestimmte Tätigkeit ausführt, weil die Tätigkeit selbst die Person mit Zufriedenheit erfüllt, die Tätigkeit Spaß macht oder als interessant empfunden wird. Eine Schülerin, die sich sehr für Geschichte interessiert, wird beispielsweise mit großer Wahrscheinlichkeit dem Geschichtsunterricht sehr aufmerksam folgen und sich möglicherweise auch über den Unterrichtsstoff hinaus mit geschichtlichen Themen beschäftigen. Unabhängig von Leistungsbeurteilung und Noten zeigt sie also einen starken Antrieb, weil ihr die Themengebiete Spaß machen: Sie ist intrinsisch motiviert. Nehmen wir an, die Tischnachbarin der Schülerin hat wenig Interesse an geschichtlichen Themen. Trotzdem lernt sie zu Hause viel, weil sie einen guten Notendurchschnitt erreichen möchte: Die Noten – ein äußerer Anreiz – haben für sie also einen hohen Stellenwert. In diesem Fall spricht man von extrinsischer Motivation.

4.1.1 Ist intrinsische Motivation „besser" als extrinsische?

In der Regel führt eine hohe intrinsische Motivation zu mehr Ausdauer und erfolgreicherer Anwendung günstiger Lernstrategien. Als Lehrkraft ist es also sinnvoll, eine möglichst hohe intrinsische Motivation der Schülerinnen und Schüler anzustreben, beispielsweise, indem sie den Unterricht abwechslungsreich und mit interessanten Lerninhalten gestaltet. Durch spannend klingende Titel, visuell aufbereitete Inhalte, provokante Fragestellungen oder weitere sogenannte *Catch-Faktoren* kann dabei kurzfristig die Aufmerksamkeit von Schülerinnen und Schülern auf ein zu bearbeitendes Thema gelenkt werden (Mitchell, 1993). Es sollte jedoch darauf geachtet werden, die Aufmerksamkeit der Schülerinnen und Schüler nicht nur kurzfristig zu wecken, sondern das Interesse nachhaltig zu fördern. Dies gelingt durch den Einsatz von ergänzenden *Hold-Faktoren* (Mitchell, 1993): Hilfreich ist es beispielsweise, Inhalte auszuwählen, die die Schülerinnen und Schüler als sinnvoll und relevant erachten, zu denen sie einen persönlichen Bezug haben oder für die sie bereits ein persönliches Interesse aufweisen.

Doch auch eine Förderung extrinsischer Motivation ist in vielen Fällen sinnvoll. Besteht bei Schülerinnen und Schülern wenig eigenes Interesse an den Unterrichtsthemen, können beispielsweise Punktesysteme, gute Noten oder andere externe Verstärker als effektive Anreize eingesetzt werden. Gelingt es der Lehrkraft, geeignete Verstärker zu wählen (d.h. Verstärker, die auch als Belohnung empfunden werden und die im Verhältnis zur erbrachten Leistung angemessen sind), kann auf diese Weise die Motivation gefördert werden. Es liegt zudem auf der Hand, dass das System Schule, in dem nicht zuletzt ein guter Notendurchschnitt den weiteren beruflichen Werdegang mitbestimmt, zwangsläufig zu einem gewissen Grad ein extrinsisches Verstärkersystem darstellt. Extrinsische Motivation kann und sollte also im Schulkontext nicht ignoriert werden. Intrinsische und extrinsische Motivation sind auch weniger als Pole ein- und desselben Kontinuums zu betrachten, die sich einander ausschließen. Vielmehr sind es Komponenten, die auch gleichzeitig mehr oder weniger stark ausgeprägt vorhanden sein können. Eine Schülerin kann beispielweise beim

100-Meter-Lauf im Sportunterricht hoch intrinsisch motiviert sein, weil ihr Laufen große Freude bereitet. Im Wettkampf kann neben der intrinsischen Motivation die Aussicht auf eine Medaille aber gleichzeitig als extrinsischer Anreiz wirksam werden. Eine Kombination aus interessant gestalteten Unterrichtsthemen zur Förderung der intrinsischen Motivation und einem angemessenen Punkte- oder Notensystem als extrinsischer Anreiz ist also durchaus praktikabel. Ist intrinsische Motivation vorhanden, sollte jedoch gut überlegt sein, ob und welche Art von extrinsischer Motivation wirklich erforderlich ist. Denn äußere Anreize können durchaus dazu führen, dass die intrinsische Motivation geschwächt wird (Deci, Koestner & Ryan, 1999; Greene, Sternberg & Lepper, 1976; Harackiewitz, 1979; Lepper, 1995). Man spricht dann von einer Unterminierung intrinsischer Motivation.

4.1.2 Selbstbestimmung zur Förderung von Motivation im Unterricht

Wie lässt sich die Lernmotivation von Schülerinnen und Schülern im Unterrichtsalltag fördern? Aus der Theorie der Selbstbestimmung (Self-determination Theory; Deci & Ryan, 1985) lassen sich wichtige Hinweise darauf ableiten. Es wird dabei von drei zentralen Bedürfnissen ausgegangen, deren Befriedigung dazu führt, dass wir Menschen unser Handeln als selbstbestimmt wahrnehmen. Und selbstbestimmtes Handeln ist nach Deci und Ryan ein wichtiger Faktor, um motiviert und mit Freude zu lernen. Diese Bedürfnisse umfassen das Streben nach
(1) Autonomie,
(2) Kompetenz und
(3) sozialer Eingebundenheit.

Für die Unterrichtsgestaltung bedeutet dies, dass es sinnvoll ist, (1) Schülerinnen und Schüler nach Möglichkeit in Unterrichtsprozesse einzubeziehen, beispielsweise bei der Wahl der Aufgaben oder der Themenfindung. Wenn Schülerinnen und Schüler spüren, dass sie teilhaben können an unterrichtsrelevanten Aspekten, nehmen sie sich selbst als wirksam wahr, d.h., ihr Handeln hat einen spürbaren Einfluss und bekommt eine Bedeutung. Sie nehmen folglich eine viel aktivere und selbstständigere Rolle ein als in einem Unterrichtssetting, in dem alles vorgegeben wird. Auch bei der Formulierung von Zielen sollte darauf geachtet werden, Schülerinnen und Schüler einzubeziehen, damit die Ziele – selbst, wenn sie von der Lehrkraft angeregt wurden – teilweise oder vollständig übernommen werden. Durch die so stattfindende Identifikation mit den Zielen kann eine höhere

Lernmotivation erreicht werden. Um (2) dem Bedürfnis nach Kompetenz nachzukommen, gilt es, individuelle Ziele mit Bedacht zu formulieren. Denn Schülerinnen und Schülern sollten Erfolgserlebnisse möglich sein, sie sollten also die Erfahrung machen können, Ziele auch tatsächlich zu erreichen. Es ist daher von großer Bedeutung, dass Ziele realistisch gesetzt und von unrealistischen Wünschen abgegrenzt werden. Gerade Schülerinnen und Schüler mit Depressionen trauen sich häufig wenig zu, neigen also zu verzerrten und nicht realistischen Fähigkeitseinschätzungen (siehe Kapitel 1 und 2). Hier ist es hilfreich, wenn Lehrkräfte, Eltern und Schülerinnen und Schüler gemeinsam kleinschrittige Ziele herausarbeiten und regelmäßig überprüfen (siehe auch weiter unten Kapitel 4.4.1 „Zielsetzung"). Zu guter Letzt wird in der Selbstbestimmungstheorie das Bedürfnis nach (3) sozialer Eingebundenheit beschrieben. Menschen wollen sich in ihrem sozialen Umfeld sicher und gut aufgehoben fühlen. Und auch in der Klasse ist das soziale Miteinander von entscheidender Bedeutung, denn es bestimmt die Lernatmosphäre. Dazu gehört nicht nur, dass man den Kontakt zu Mitschülerinnen und Mitschülern als angenehm empfindet und Freunde in der Klasse hat, sondern vor allem auch ein von Unterstützung geprägtes Klassenklima, das heißt beispielsweise, dass Schülerinnen und Schüler andere um Hilfe bitten und frei die eigene Meinung äußern können, ohne Angst vor Zurückweisung zu haben. Schülerinnen und Schüler mit Depressionen ziehen sich im sozialen Miteinander häufig zurück. Spüren sie die Unterstützung und Hilfsbereitschaft in der Klassengemeinschaft, kann sich dies sehr positiv für sie auswirken: Sie beginnen möglicherweise damit, sich zu öffnen, über Gedanken und Gefühle zu sprechen und vielleicht auch aktiv Hilfe zu suchen.

Autonomie, Kompetenz und Eingebundenheit in der Schule fördern:

Autonomie

- Schülerinnen und Schüler an der Unterrichtsgestaltung teilhaben lassen.
- Wahlmöglichkeiten bieten, z.B. verschiedene Aufgaben zur Wahl stellen.
- Anerkennende Gefühle äußern (vgl. Koestner, Ryan, Bernieri & Holt, 1984).
- Bei Feedback selbstbestimmte Handlungen der Schülerinnen und Schüler einbeziehen.
- Wenn möglich, auf kontrollierende Maßnahmen verzichten (z.B. Strafen, aufgezwungene Ziele, Termindruck).

Kompetenz

- Optimales Anforderungsniveau für Schülerinnen und Schüler individuell herausarbeiten und berücksichtigen, d. h., zwischen Anforderungen der Tätigkeit und den Fähigkeiten besteht eine gute Diskrepanz: Aufgaben werden weder als zu leicht noch als zu schwer betrachtet, sondern können bewältigt werden (Csikszentmihalyi, 1975; Danner & Lonky, 1981).
- Positive Rückmeldungen wie bei Autonomie.

Soziale Eingebundenheit

- Regelmäßige Interaktionen innerhalb der Klassengemeinschaft fördern (z. B. Diskussionen, Stimmungsbarometer).
- Gruppenarbeiten im Unterricht (s. auch Abschnitt Lerngruppen, Seite 80).
- Außerschulische Aktivitäten (z. B. Ausflüge, Theaterbesuche).
- Übungen zum Erkennen, Ausdruck und Umgang mit Gefühlen (siehe auch Kapitel 7).

4.2 Attributionstraining

Angenommen, ein Schüler in der 6. Klasse – nennen wir ihn Christopher – hat gerade eine Mathearbeit mit der Note 5 zurückbekommen. Nun wird Christopher sehr wahrscheinlich Gründe für das verhältnismäßig schlechte Abschneiden in der Mathearbeit haben. Vielleicht wird er beispielsweise argumentieren, dass die Arbeit sehr schwer gewesen sei; vielleicht wird er das Gefühl haben, in Mathe einfach nicht gut zu sein; vielleicht wird er auch denken, dass er zu wenig gelernt habe. Ob es nun das Abschneiden in einer Klassenarbeit ist, das Bestehen oder Nicht-Bestehen der Fahrprüfung oder das Ergebnis eines Vorstellungsgesprächs: Menschen suchen nach Erklärungen für ihre Handlungsergebnisse (Heider, 1958). Diesen Prozess der Ursachenzuschreibung bezeichnet man als Attribution: Einem Handlungsergebnis (z. B. einer 5 in Mathe, dem Durchfallen in der Fahrprüfung oder einem erfolgreichen Bewerbungsgespräch für einen attraktiven Job) werden bestimmte Gründe zugeschrieben. Diese Gründe können ganz unterschiedlich sein, wie am Beispiel von Christopher bereits zu erkennen ist. Entscheidend ist, dass die Art und Weise, wie ein Handlungsergebnis begründet wird, auch Einfluss darauf hat, wie sehr man sich zukünftig anstrengen wird. Führt Christopher beispielsweise seine schlechte Note auf mangelnde Fähigkeiten in Mathe zurück (z. B. „Ich kann Mathe nicht“), wird er wahrscheinlich wenig Antrieb spüren, sich bei der nächsten Mathearbeit anzustrengen. Schließlich würde bei der Überzeugung, Mathe ohnehin nicht zu beherrschen, auch mehr Anstrengung kaum zu einem besseren Ergebnis führen. Führt er die Note 5 dagegen darauf zurück, dass er sich zu wenig vorbereitet hat (z.B. „Ich habe mich beim Lernen zu wenig angestrengt“), könnte er vor der nächsten Arbeit mehr Energie investieren, um zu einem besseren Ergebnis zu kommen. Die Art und Weise der Erklärung für eine 5 in Mathe kann also das zukünftige Lernverhalten stark beeinflussen. Insgesamt kann eine Attribution auf drei Dimensionen erfolgen (Abramson, Seligman & Teasdale, 1978; Weiner, 1986):

(1) Lokalität (einem Handlungsergebnis können internale, d.h. in der Person liegende, oder externale, d.h. äußere Ursachen zugeschrieben werden),
(2) Stabilität (die Ursachen können stabil, d.h. zeitlich überdauernd oder variabel sein),
(3) Globalität (eine Attribution kann global, d.h. bereichsübergreifend, oder bereichsspezifisch sein).

In der Praxis zeigen sich individuelle Attributionsstile: Die Art und Weise, wie Handlungsergebnisse erklärt werden, ist nämlich in der Regel ein wiederkehrendes, d.h. zeitlich überdauerndes Muster. Schülerinnen und Schüler mit Depressionen zeigen beispielsweise sehr oft einen verzerrten und ungünstigen Attributionsstil: Schlechte Leistungen werden lokal, stabil und häufig global attribuiert. Angewendet auf das obige Beispiel könnte Christophers Erklärung für die Note 5 lauten: „Ich bin eben zu dumm.“ Problematisch an einem solchen Attributionsstil ist, dass er in der Regel nicht nur unrealistisch ist, sondern vor allem durch die internale und stabile Ursachenzuschreibung wenig Veränderungspotenzial erkennen lässt („Ich kann ja eh nichts machen“). Dies sorgt nicht nur für wenig zukünftige Anstrengungsbereitschaft, sondern auch für eine zunehmende Niedergeschlagenheit. Auch in Bezug auf Erfolgserlebnisse lassen sich bei Schülerinnen und Schülern mit Depressionen verzerrte Attributionsmuster erkennen, die den positiven Effekt von Erfolgserlebnissen unterbinden: So könnte Christophers Begründung für eine gute Note in der nächsten Klassenarbeit beispielsweise lauten: „Die Arbeit war auch sehr leicht.“ Eine gute Leistung wird also nicht der eigenen Kompetenz oder Anstrengung zugeschrieben, sondern mit geringen Anforderungen begründet, d.h. external attribuiert. Das Erfolgserlebnis wird entsprechend entwertet. Ein Ansatz mit sehr großer Bedeutung für die Steigerung von Lernfreude und Antrieb, Neues zu lernen, stellt demzufolge das sogenannte Attributionstraining dar (Ziegler & Schober, 2001). Hierbei wird der Attributionsstil der teilnehmenden Schülerinnen und Schüler ganz bewusst hinterfragt und modifiziert.

4.2.1 Zielsetzung von Attributionstrainings

Das Ziel eines Attributionstrainings ist es, unrealistische und ungünstige Attributionen durch realistische und günstige Attributionen zu ersetzen. Man spricht daher auch von einer Reattribution. Es soll geübt werden, für Erfolge auch internale und für Misserfolge auch externale sowie variable Faktoren heranzuziehen. Eine positive Einschätzung der eigenen fachspezifischen Fähigkeiten (d.h. ein positives Fähigkeitsselbstkonzept) und die Überzeugung, auch schwierige Situationen aus eigener Kraft meistern zu können (d.h. eine hohe Selbstwirksamkeit), können durch internale Attributionen guter Leistungen gefördert werden und stellen wichtige Einflussfaktoren für den schulischen Erfolg dar. Im Zentrum steht aber vor allem die Anstrengung als Ursache für Leistungsergebnisse. Insbesondere bei Misserfolgserlebnissen ist die Attribution auf eine nicht ausreichende Anstrengung (d.h. eine internale, aber variable Attribution), ein sehr günstiger Attributionsstil: Schließlich ist Anstrengung willentlich beeinflussbar. Wenn Christopher die 5 in Mathe also auf eine mangelnde Vorbereitung zurückführt, kann er vor der nächsten Klassenarbeit selbst entscheiden, ob er mehr investiert oder nicht. Seine Entscheidung und das resultierende Verhalten (z.B. eine intensive Vorbereitung) haben für ihn also einen direkten Einfluss auf das zu erwartende Handlungsergebnis. Das ist besonders relevant für Schülerinnen und Schüler mit Depressionen, weil sie durch verzerrte Attributionen oft eine Art Hilflosigkeit empfinden, indem sie sich selbst nicht als einflussreich wahrnehmen. Das Ziel ist es also, durch eine Veränderung grundlegender Erklärungsmuster eine Negativ-Entwicklung von Kognitionen und Motivation zu durchbrechen und eine optimistischere Perspektive zu entwickeln, die für das Selbstwertgefühl der Schülerinnen und Schüler positiv ist und die Lernfreude steigert.

4.2.2 Techniken eines Attributionstrainings

Beim Attributionstraining sollen die teilnehmenden Schülerinnen und Schüler lernen, ihre Attributionen zu erkennen, einzuschätzen und verzerrte Attributionen durch eine Reattribution zu verändern. Für ein solches Training bieten sich generell zwei Techniken an (Ziegler & Schober, 2001). Bei den (1) *Modellierungstechniken* werden andere Personen als Modelle herangezogen, um günstige Attributionen zu veranschaulichen. Wichtig ist, dass dabei geeignete Modelle verwendet werden, die eine Vorbildfunktion und einen Bezug zur Lebensumwelt der betroffenen Kinder und Jugendlichen haben. Dies können beispielsweise Lehrerinnen und Lehrer, Mitschülerinnen und Mitschüler, Eltern oder andere Personen sein. Vermittelt werden können die erwünschten Ursachenzuschreibungen auf verschiedene Arten, z.B. als persönlicher Bericht, als Quellenarbeit mit Berichten in Medien, aber auch in Form von Diskussionen oder Rollenspielen. Eine Möglichkeit ist es beispielsweise, dass die Lehrkraft aus ihrer eigenen Schulzeit erzählt und eigene Schwierigkeiten schildert, mit denen sie sich konfrontiert sah und die sie mit Anstrengung schrittweise meistern konnte. Auch bei diesen Schilderungen gilt, dass sie glaubwürdig und authentisch sein müssen. Bei den (2) *Kommentierungstechniken* werden Handlungsergebnisse wie z. B. Noten kommentiert und auf diese Weise erwünschte Attributionsmuster vermittelt. Das kann ganz unmittelbar geschehen (verbal oder schriftlich) oder aber in Form der operanten Verstärkung, bei der Schülerinnen und Schüler zunächst selbst ihre Ergebnisse erklären (ggf. nach gezielten Nachfragen wie z. B. „War das eine Aufgabe, bei der man klug sein muss?" oder „Woran lag es, dass Du diese Aufgabe geschafft bzw. nicht geschafft hast?") und dann erwünschte Ursachenzuschreibungen durch Lob bekräftigt und unerwünschte Ursachenzuschreibungen ignoriert oder ggf. auch korrigiert werden.

Es lässt sich bereits erkennen, dass für das Attributionstraining die Rückmeldungen, die die Schülerinnen und Schüler erhalten, ein wichtiger Faktor für den Erfolg des Trainings sind. Diese Rückmeldungen lassen sich wiederum in zwei Arten unterscheiden:

(1) Bei einer *direkten Rückmeldung* teilt die Lehrkraft der Schülerin bzw. dem Schüler persönlich und direkt eine Erklärung für ein Handlungsergebnis (z. B. eine Note in einer Klassenarbeit) mit. Christopher könnte also beispielsweise bei der Ausgabe der Arbeit direkt das Feedback bekommen, dass seine Vorbereitung dieses Mal nicht ganz ausgereicht habe, um eine gute Note zu erzielen. Damit wird unmittelbar eine internal-variable Attribution von Misserfolg gefördert. Eine gute Note einer anderen Schülerin könnte dagegen beispielsweise mit der Rückmeldung gekoppelt werden, dass sie ein umfassendes Verständnis für komplexe mathematische Rechenaufgaben besitze (internal-stabile Attribution). Wichtig ist, dass die kommunizierte Ursachenzuschreibung glaubwürdig ist. So ist im Einzelfall abzuwägen, ob bei einer guten Leistung eher eine internal-stabile oder eine internal-variable Attribution sinnvoll ist. Verbessert sich Christopher bei der nächsten Mathearbeit, könnte es beispielsweise von Vorteil sein, nicht unmittelbar seine Fähigkeiten zu betonen, sondern die Anstrengung, die er diesmal investiert hat, hervorzuheben.

(2) Bei einer *indirekten Rückmeldung* ist das Ziel, dass die Schülerin bzw. der Schüler selbst zu einer Erklärung eines Handlungsergebnisses kommt. Dies wird zunächst gemeinsam mit der Lehrkraft erarbeitet. Die Lehrkraft bietet dabei Informationen an, mit deren Hilfe sich Handlungsergebnisse auf einer zuverlässigen Datenbasis begründen

lassen. Diese Informationen können in drei Arten unterschieden werden (vgl. Kovarianzmodell nach Kelley, 1971):

- Konsensusinformationen: Hierbei werden Vergleiche angestellt mit den Handlungsergebnissen anderer Personen („Haben andere Schülerinnen und Schüler auch schlechte Noten bekommen oder nur Christopher?“).
- Distinktheitsinformationen: Hierbei werden Vergleiche in Bezug auf andere Bereiche gezogen („Hat Christopher auch in anderen Schulfächern schlechte Noten bekommen oder nur in Mathe?“).
- Konsistenzinformationen: Hierbei wird ermittelt, wie sich eine Person im gleichen Bereich, aber zu anderen Zeitpunkten und Bedingungen verhält („Hat Christopher auch früher bereits schlechte Noten in Mathe erzielt?“).

Mit Hilfe dieser Informationen soll der Schülerin bzw. dem Schüler aufgezeigt werden, dass ein positives Ergebnis in der Person der Schülerin bzw. des Schülers begründet ist und dass ein negatives Ergebnis nicht stabil und global zu interpretieren ist, sondern dass dies durch Anstrengung veränderbar ist. Wichtig ist dabei, dass die Informationen stets für die Steigerung von Lernmotivation zweckgebunden genutzt werden und einem günstigen Attributionsstil auch tatsächlich förderlich sind. Gerade bei sehr lernschwachen Kindern sollte daher darauf geachtet werden, insbesondere auf intraindividuelle Vergleiche zu fokussieren und auf einen Vergleich mit einer potenziell stärkeren Bezugsgruppe zu verzichten. So ließe sich im Training mit Christopher beispielsweise betonen, wenn er in Mathe bereits bessere Noten erreicht hat (Konsistenzinformationen) und in welchen Fächern er regelmäßig gute Noten hat (Distinktheitsinformationen).

Tabelle 3: Beispiel eines Attributionstrainings in der Schule

Dialog zwischen der Lehrkraft und einer Schülerin bzw. einem Schüler, die bzw. der in der Mathe-Arbeit eine 5 erhalten hat.	Technik des Attributionstrainings
Lehrkraft: Du wirkst enttäuscht über deine Note.	
Schüler_in: Ja klar. Eine 5 ist doch doof.	
Lehrkraft: Woran, denkst du, kann es gelegen haben?	*Kommentierungstechnik, indirekte Rückmeldung (Erfragen des Attributionsmusters).*
Schüler_in: Ist doch klar, ich kann Mathe eben nicht.	

Tabelle 3: Fortsetzung

Dialog zwischen der Lehrkraft und einer Schülerin bzw. einem Schüler, die bzw. der in der Mathe-Arbeit eine 5 erhalten hat.	Technik des Attributionstrainings
Lehrkraft: Okay, ich verstehe, in anderen Fächern hast du bessere Noten?	*Distinktheitsinformationen werden einbezogen.*
Schüler_in: Ja. In Deutsch habe ich gerade eine 2 geschrieben.	
Lehrkraft: Was denkst du, wie könntest du das in Mathe auch schaffen?	
Schüler_in: Gar nicht. Für Mathe bin ich wohl zu doof.	
Lehrkraft: Verstehe. Du meinst, um gut in Mathe zu sein, muss man besonders klug sein?	*Kommentierungstechnik, indirekte Rückmeldung (Hinterfragen der internalen und stabilen Attribution.*
Schüler_in: Naja, oder zumindest mathematische Fähigkeiten haben.	
Lehrkraft: Bei den Aufgaben in der Klassenarbeit habe ich Wert darauf gelegt, dass wir die Lösungswege für solche Aufgaben im Unterricht schon einmal durchgegangen sind. Was meinst du, könnte noch wichtig sein, um eine bessere Note in der Arbeit zu erreichen?	*Mögliche Alternativerklärungen anregen*
Schüler_in: Hm. Ich hätte vielleicht auch mehr lernen sollen.	
Lehrkraft: Mehr Lernen, das ist interessant. Gute Noten haben also gar nicht nur etwas mit Fähigkeiten zu tun.	*Auflösen der stabilen Attribution*
Schüler_in: Nee. Auch mit Lernen.	
Lehrkraft: Das ist doch eine super Nachricht, denn das heißt doch, dass man gute Noten auch erreichen kann, wenn man sich anstrengt – ganz unabhängig von den Fähigkeiten. Alles, was man tun muss, ist, sich gut vorzubereiten.	*Bestätigung und Verstärkung der erstmals erkennbaren variablen Attribution. Anstrengung als Ursache wird explizit betont.*

Tabelle 3: Fortsetzung

Dialog zwischen der Lehrkraft und einer Schülerin bzw. einem Schüler, die bzw. der in der Mathe-Arbeit eine 5 erhalten hat.	**Technik des Attributionstrainings**
Schüler_in: Ja.	
Lehrkraft: Weißt du, ich fand es als Schüler auch manchmal anstrengend, zu lernen und sich gut vorzubereiten. In Mathe zwar nicht so sehr, das hat mir immer Spaß gemacht, aber in Geschichte beispielsweise. Die ganzen Daten zu lernen, das ging nicht von allein. Also bin ich sie zusammen mit einem Freund immer und immer wieder durchgegangen, bis ich sie beinah im Schlaf aufsagen konnte.	*Modellierungstechnik (Glaubwürdigkeit beachten).*
Schüler_in: Lächelt.	
Lehrkraft: Weißt du, ich glaube, wenn du dich bei der nächsten Klassenarbeit noch mehr anstrengst, steht da auch keine 5 mehr drunter.	*Direkte Rückmeldung.*
Schüler_in: Ja, wenn ich mich besser vorbereite, schaffe ich es vielleicht.	
Lehrkraft: Ich habe mir auch einmal alte Zeugnisse von dir angesehen – du hattest auch in Mathe schon bessere Noten, stimmt's?	*Konsistenzinformation wird einbezogen.*
Schüler_in: Ja, die Noten sind eigentlich erst in diesem Schuljahr so mies.	
Lehrkraft: Siehst du. Ich bin überzeugt, dass du alle Voraussetzungen hast, um in Mathe gute Noten zu schreiben. Lass uns einmal überlegen, wie du dich am besten darauf vorbereitest, einverstanden?	*Direkte Rückmeldung. Vorbereitung des nächsten Handlungsschrittes.*
Schüler_in: Einverstanden.	

4.3 Verhaltensaktivierung

Kinder und Jugendliche mit Depressionen verlieren häufig das Interesse an Aktivitäten, die ihnen zuvor Freude bereitet haben (vgl. Kapitel 2). Ein Ausflug mit Freunden ins Schwimmbad, ein Kinobesuch oder die wöchentliche Reitstunde: Die Auswirkungen einer depressiven Episode können den Spaß an alltäglichen Aktivitäten nehmen. Stattdessen ziehen sich die betroffenen Kinder und Jugendlichen eher zurück, der Kontakt mit Gleichaltrigen wird zur Herausforderung, weil sie sich zunehmend überfordert und unsicher fühlen. Diese Beeinträchtigungen werden häufig als besonders belastend empfunden. Hinzu kommt, dass durch den Rückzug auch weniger positive Umweltreaktionen erfahren werden (vgl. Verstärker-Verlust-Modell nach Lewinsohn, 1974): Lächle ich niemanden freundlich an, kann mir auch niemand freundlich zurücklächeln. Genau hier setzt die Verhaltensaktivierung an. Sie ist neben der kognitiven Umstrukturierung eine zweite wichtige Säule der kognitiven Verhaltenstherapie und kann auch als eigenständige Methode angewandt werden. Für die pädagogische Arbeit lassen sich aus der Verhaltensaktivierung wichtige Erkenntnisse ableiten und auch im schulischen Rahmen umsetzen. Studienergebnisse zeigen, dass eine reine Verhaltensaktivierung ebenso positive Effekte auf die depressive Symptomatik hatte wie eine Kombination aus Verhaltensaktivierung und weiteren verhaltenstherapeutischen Methoden (Jacobsen et al., 1996; Gortner et al., 1998). Mittlerweile ist die Verhaltensaktivierung eine verbreitete und beliebte Technik, weil sie sehr einfach anzuwenden ist und gleichzeitig zu einem erheblichen Gewinn an Lebenszufriedenheit führen kann.

4.3.1 Zielsetzung und Grundhaltung der Verhaltensaktivierung

Bei der Verhaltensaktivierung sollen Verhaltensmuster, die zu einer Aufrechterhaltung der Depression beitragen, identifiziert und verändert werden (Hoyer & Vogel, 2018). Sehr häufig leiden die betroffenen Kinder und Jugendlichen unter einer ausgeprägten Inaktivität: Damit ist in erster Linie gemeint, dass sie wenig Dinge tun, die ihnen eigentlich Spaß machen und die ihnen guttun. Sie verfallen in eine Art Passivität. Bei der Verhaltensaktivierung geht es darum, Menschen dazu zu bewegen, das Verhalten, das oft einer Verschlechterung der Stimmung vorausgeht, zu durchbrechen und neue Verhaltensweisen und Aktivitäten nach einem erarbeiteten Plan auszuprobieren und zu etablieren. Durch diese Aktivierung sollen die Kinder und Jugendlichen mehr belohnende Erfahrungen in ihrem

Alltag machen (Martell, Dimidjian & Herman-Dunn, 2010). Kognitionen und Emotionen werden also *indirekt* modifiziert (Hoyer & Vogel, 2018). Zusammenfassend ist das Ziel der Verhaltensaktivierung also, depressionsaufrechterhaltende Verhaltensweisen zu identifizieren und neue Verhaltensaktivitäten zu fördern, die individuell abgestimmt sind.

Die Verhaltensaktivierung zeichnet sich durch eine einfache Grundhaltung aus: Neue Verhaltensweisen auszuprobieren, hat oberste Priorität. Daher gilt die Strategie, Verhalten auszuprobieren und sie erst danach zu bewerten, gemäß dem Motto *Probieren geht über Studieren*. Diese Bereitschaft bei den Teilnehmenden anzuregen, ist ein zentrales Ziel der Verhaltensaktivierung. Auf umfassende Problem- oder Ursachenanalysen kann hier verzichtet werden, da diese nicht zielführend sind – vielmehr ist das Prinzip, Versuch und Irrtum zu bevorzugen, weil Menschen dadurch eher aktiviert werden, Verhaltensweisen umzusetzen. Nun stellt es für Kinder und Jugendliche mit Depressionen häufig eine große Herausforderung dar, neue Aktivitäten auszuprobieren, denn Vermeidungstendenzen und Antriebsarmut haben sich breitgemacht (vgl. Kapitel 1 und 2). Hier ist eine sensible und verständnisvolle Haltung der Trainerinnen und Trainer essenziell, denn auch wenn die Betroffenen unter dem Vermeidungsverhalten leiden, führt es doch gleichzeitig zu einer Angstreduktion und hat daher eine verstärkende Wirkung. Eine Veränderung dieses Verhaltens ist also oft mit Angst verbunden und verlangt den Kindern und Jugendlichen viel ab. Sprichwörter können hier helfen, indem sie als funktionale Metaphern eingesetzt werden: So können Leitsätze wie „Gewinnen beginnt mit beginnen“, „Kleine Schritte sind immer besser als große Worte“ oder „Lieber auf neuen Wegen stolpern, als auf der Stelle treten“ die Kinder und Jugendlichen motivieren, Neues auszuprobieren und diese Angst zu überwinden.

4.3.2 Umsetzung der Verhaltensaktivierung

Grundsätzlich kann die Verhaltensaktivierung im Gruppen- oder Einzelsetting stattfinden. Beide Vorgehensweisen haben ihre spezifischen Vorzüge: Das Gruppensetting bietet die Möglichkeit des gegenseitigen Austauschs; Erfahrungen und Sichtweisen anderer Teilnehmerinnen und Teilnehmer können gewinnbringend einbezogen werden. Zudem kann ein gemeinsames Gruppengefühl die einzelnen Betroffenen zusätzlich stärken und motivieren. Im Einzelsetting hat man dagegen die Möglichkeit, noch intensiver an individuellen Zielen und Bedürfnissen anzusetzen. Auch wenn die Verhaltensaktivierung eine strukturierte und manualisierte Methode ist, muss sie stets auf die Bedürfnisse der individuellen Teilnehmerinnen und Teilnehmer angepasst werden (Martell, Dimidjian & Herman-Dunn, 2010). Wichtige Bestandteile der einzelnen Sitzungen sind dabei Hausaufgaben, die die Kinder und Jugendlichen für die nächste Woche erledigen sollen, sowie die Vermittlung neuer Inhalte bzw. die Planung neuer Aktivitäten. Die Beobachtung und Protokollierung der Stimmung und Aktivitäten der Teilnehmenden über die Woche hinweg (Stimmungs- und Aktivitätsprotokoll) ist ebenso ein fester Baustein der Verhaltensaktivierung. Insgesamt stehen vier wesentliche Aspekte der Durchführung im Vordergrund (Hoyer & Vogel, 2018):

(1) Informationen über Depression
Es werden Informationen zur Entstehung, Aufrechterhaltung und Veränderung von Depression erarbeitet. Insbesondere wird verdeutlicht, dass das eigene Verhalten Einfluss auf die Stimmung hat (und damit auf die Aufrechterhaltung der Depression) und daher auch zur Veränderung der Stimmung genutzt werden kann (und damit zur Veränderung der Depression).

(2) Das Prinzip *Handle nach Plan, nicht nach Stimmung*
Traurige Stimmung oder Antriebslosigkeit stehen der aktiven Ausführung unterschiedlichster Aktivitäten – sowohl notwendiger Aufgaben als auch angenehmer Tätigkeiten – oft im Wege. Ein Ziel der Verhaltensaktivierung ist es, die Kinder und Jugendlichen dazu anzuregen, Aktivitäten zu planen und auch dann auszuprobieren, wenn ihre Stimmung nicht gerade danach ist. Das kann gelingen, wenn ihnen bewusst wird, dass das eigene Verhalten unmittelbaren Einfluss auf die Stimmung hat. Der individuell erstellte Aktivitätsplan hat also hohe Priorität.

(3) Verhaltensaktivierung heißt Eigenleistung
Die Kinder und Jugendlichen sollen lernen, auch außerhalb der Sitzungen an ihren Zielen zu arbeiten. Nur wenn sie selbst aktiv werden, lassen sich Fortschritte erzielen. Hausaufgaben und verschiedene Materialien (z. B. das Stimmungsprotokoll, Erinnerungskärtchen, Bildkarten etc.) können dabei helfen.

(4) Aktivierung statt Vermeidung
Vermeidungsverhalten steht der Aktivierung im Weg und sollte identifiziert und schrittweise reduziert werden. Hindernisse und Schwierigkeiten werden gemeinsam erarbeitet und Lösungsvorschläge entwickelt.

Eine bewährte Umsetzung des Programms nach Hoyer & Teismann (2018) umfasst acht Sitzungen mit folgenden Schwerpunkten:

Sitzung 1	Nach einem gegenseitigen Kennenlernen steht zunächst die Aufklärung über Depression im Vordergrund, die in erster Linie auch aufrechterhaltende Faktoren (u.a. die Auswirkungen eigenen Verhaltens auf die Stimmung) beinhaltet und somit auf die Verhaltensaktivierung als hilfreiche Methode hinführen sollte. Die Teilnehmenden lernen dann die Technik des Aktivitätenmonitoring, d.h. die Beobachtung eigenen Verhaltens und dessen Zusammenhang mit der Stimmung. Dazu erhalten alle Teilnehmenden einen Wochenplan mit Zeitblöcken für den Eintrag von Aktivitäten (zu Beginn möglichst stündlich) und einer Skala für die Stimmung. Das Aktivitätenmonitoring ist nicht nur ein reines Instrument zur Information, sondern es hilft dabei, Alltagsroutinen aufzudecken, Emotionen einzuordnen und Anstöße für die Verhaltensänderung zu geben. Als Hausaufgabe sollen bis zur nächsten Sitzung täglich die Stimmung und Aktivitäten dokumentiert werden.
Sitzung 2	Im Mittelpunkt der zweiten Sitzung steht die Einführung in die Aktivitätenplanung. Ausgehend vom Stimmungsprotokoll wird zunächst der Zusammenhang zwischen Aktivitäten und Stimmung abgeleitet. Dazu wird auch das ABC-Modell (Martell et al., 2010) erläutert, das die Verbindung zwischen Auslöser (A), beobachtbarem Verhalten (B) und Konsequenz (englisch: Consequence, C) veranschaulicht. Die Teilnehmenden identifizieren Aktivitäten, bei denen sie sich am besten bzw. am schlechtesten gefühlt haben, wann Traurigkeit spürbar war und ob Stimmungsanstiege bestimmten Aktivitäten zugeordnet werden können. Schlussfolgernd erfolgt dann die konkrete Planung von Aktivitäten. Das können neue oder auch lange nicht mehr durchgeführte Verhaltensweisen sein. Auch Aufschiebeverhalten wird thematisiert und die Bedeutung von genau formulierten Plänen erläutert. So könnten beispielsweise erste geplante Aktivitäten lauten: „Am Freitag fahre ich nach der Schule eine Runde mit dem Fahrrad und kaufe mir auf dem Rückweg ein Eis, damit das Wochenende süßer beginnt als sonst." Als Hausaufgabe werden ein oder zwei Bereiche ausgesucht, für die Aktivitäten geplant werden. Das Stimmungsprotokoll wird fortgeführt.
Sitzung 3	Grübeln stellt ein häufiges Symptom bei Kindern und Jugendlichen mit Depressionen dar und führt nicht nur zu negativem emotionalem Erleben, sondern steht auch dem Ausprobieren neuer Aktivitäten im Wege. Daher werden den Kindern und Jugendlichen in der dritten Sitzung Strategien vermittelt, um aktiv mit dem Grübeln umzugehen, z.B.

	• Zwei-Minuten-Regel: Nach zwei Minuten wird hinterfragt, ob das Grübeln hilfreich war. Falls nein, sollte versucht werden, es zu beenden („Grübel-Stopp“). • Aktive Ablenkung: Diese kann körperlich oder geistig sein (z. B. Radfahren, einen Freund anrufen, Hausaufgaben erledigen). • Refokussierung: Die Aufmerksamkeit soll bewusst wieder zur aktuellen Aufgabe gelenkt werden. Hilfreich kann es sein, erforderliche Teilschritte explizit im Selbstgespräch zu verbalisieren (z. B. „Ich unterstreiche zunächst wichtige Textpassagen, fasse den gelesenen Abschnitt zusammen und schreibe dann die Interpretation“). • Achtsamkeit: Man achtet bewusst auf die Sinneswahrnehmungen im aktuellen Moment, z. B. beim Essen auf den Geruch und die Konsistenz der Speise oder beim Spazierengehen auf die Geräusche der Schritte, die kalte Luft im Gesicht etc.).
Sitzung 4	In der vierten Sitzung steht eine Veränderung von Vermeidungsverhalten im Mittelpunkt. Die Teilnehmenden sollen lernen, Hindernisse zu überwinden. Hierzu wird geübt, Vermeidungsverhalten zu erkennen und Schwierigkeiten nicht nur vage (z. B. „Ich fühlte mich schlecht“), sondern präzise zu formulieren (z. B. „Ich wusste nicht, wie ich anfangen sollte, mich auf die Klassenarbeit vorzubereiten, und fühlte mich überfordert“). Lösungen werden gemeinsam erarbeitet und erst dann wird eine Option daraus ausgewählt und ausprobiert (vgl. Problemlösemodell nach D’Zurilla & Goldfried, 1971).
Sitzung 5	Der Aufbau von sozialen Kontakten ist Inhalt der fünften Sitzung. Dabei wird mit den Teilnehmenden zunächst die Bedeutung eines sozialen Netzwerks erarbeitet. Schließlich bekommen wir durch unser soziales Umfeld nicht nur Aufmerksamkeit und Anerkennung (d. h. soziale Verstärker), sondern auch Unterstützung und Hilfe. In Rollenspielen können soziale Kompetenzen geübt werden. Zudem werden individuelle Ziele formuliert und entsprechende Aktivitäten als Hausaufgabe geplant.
Sitzung 6	Die sechste Sitzung ist als offene Sitzung geplant, d. h., es werden Themen besprochen, die von den Teilnehmenden geäußert werden. Dies dient der Festigung der erarbeiteten Inhalte und dem Umgang mit möglichen Problemen.
Sitzung 7	Sitzung 7 ist als erste von zwei Rückfallprophylaxe-Einheiten gedacht. Hier werden mögliche Frühwarnzeichen für depressive Phasen besprochen und Situationen herausgearbeitet, die als

	besonders herausfordernd für die Umsetzung der geplanten Aktivitäten empfunden werden. Ein solches Frühwarnsystem kann den Kindern und Jugendlichen helfen, Anzeichen für schwierige Situationen schnell zu erkennen und darauf vorbereitet zu sein. Auch wenn die Umsetzung einer Aktivität einmal nicht wie gewünscht gelingen sollte, sollte es die Teilnehmenden nicht dazu veranlassen, alles aufzugeben.
Sitzung 8	Die letzte Sitzung ist ebenfalls als Rückfallprophylaxe konzipiert. Wichtige Themenbereiche werden wiederholt und noch einmal bewusst gemacht (z. B. Stimmungsprotokollierung, Aktivitätenplanung). Es können unterstützende Materialien zu Hilfe gezogen werden wie beispielsweise ein Notizbuch, in das Sprichwörter oder hilfreiche Sätze zur Erinnerung geschrieben werden. Zudem wird ein mittelfristiges Ziel festgelegt, um damit die Verbindlichkeit über die Dauer des Programms hinaus zu erhöhen.

Für die Veränderung von Verhalten lassen sich sieben Schritte herausstellen, die im Programm der Verhaltensaktivierung vermittelt werden sollten (Hoyer & Teismann, 2016; Hoyer & Vogel, 2018):

(1) Verhaltensweisen und Situationen identifizieren, die die Stimmung beeinträchtigen,
(2) Alternative Verhaltensweisen erarbeiten,
(3) Verhaltensweisen auswählen und in die Woche einplanen,
(4) Experimentelle Haltung: Es gibt immer etwas zu lernen (unabhängig von der Wirkung auf die Stimmung),
(5) Neue Verhaltensweise ausprobieren und ihren Effekt beobachten,
(6) Auswertung der Ergebnisse (Wie hat es sich angefühlt? Welche Auswirkung auf die Stimmung gab es?),
(7) Weitermachen: Ausprobieren weiterer Aktivitäten.

Das klinisch-psychologische Wissen rund um die Verhaltensaktivierung kann man als Lehrkraft auch auf die pädagogische Arbeit im Schulkontext anwenden. Zum einen ist es bei einer begleitenden Therapie eine gute und sinnvolle Basis für die Kooperation mit der entsprechenden Therapeutin bzw. dem Therapeuten (zur Kooperation siehe Kapitel 10). Zum anderen lassen sich aus der Verhaltensaktivierung pädagogische Handlungsmöglichkeiten für unterschiedliche schulische Situationen ableiten. Bei diesen pädagogischen Interventionen wird das zentrale Prinzip der Verhaltensaktivierung, nämlich Schülerinnen und Schüler zu aktivem Verhalten anzuregen, zugrunde gelegt. Das kann beispielsweise in Form von Wochenplänen umgesetzt werden, die konkrete Handlungsanweisungen und Aufgaben beinhalten. Damit lässt sich das Konzept *Handle nach Plan, nicht nach Stimmung* sinnvoll in das Unterrichtsgeschehen integrieren. Auch unterschiedliche Formen von Gruppenarbeiten (z. B. Kleingruppenarbeiten während des Unterrichts oder umfangreichere Projekte, bei denen Schülerinnen und Schüler gemeinsam zu einem Thema arbeiten), können als Anwendung verhaltensaktivierender Interventionen herangezogen werden. Zum Aufbau sozialer Kontakte können zudem über den Unterricht hinausgehende Projekte wie eine Theater-, Kunst- oder Musik-AG o. Ä. sinnvoll sein. Der Sportunterricht kann genutzt werden, um körperliche Bewegung anzuregen und in Form von Hausaufgaben (z. B. als Trainingsplan) auch auf Situationen außerhalb der reinen Unterrichtszeiten zu übertragen (siehe auch Kapitel 4.4.3). Grundlegend sollte bei allen pädagogischen Interventionen das Vermitteln einer experimentellen Haltung sein, damit Aktivitäten unabhängig von Unterrichtserfolgen ausprobiert werden: Das Aktivwerden steht an erster Stelle (siehe oben: *Probieren geht über Studieren*). Die Schülerinnen und Schüler sollten dazu immer wieder ermutigt werden, um Vermeidungsverhalten vorzubeugen.

4.4 Weitere unterrichtsbezogene Ansätze zur Förderung der Motivation

In den Unterricht lassen sich verschiedene Ansätze integrieren, um die Motivation von Kindern und Jugendlichen mit Depressionen zu fördern. Dies müssen nicht immer in sich geschlossene Programme sein, wie es in der Regel bei der Verhaltensaktivierung der Fall ist, sondern es können bausteinartig konkrete Schritte vermittelt werden, um Schülerinnen und Schüler auf verschiedenen Ebenen anzuregen und zu unterstützen.

4.4.1 Zielsetzung

Wie motiviert man eigene Ziele verfolgt, d. h. wieviel Ausdauer man aufbringt, welche Strategien man anwendet und wie man mit Hindernissen umgeht, wird maßgeblich davon beeinflusst, *welche* Ziele man sich setzt und *wie* man sich Ziele setzt. Im Folgenden wird zunächst eine Orientierungshilfe vorgestellt, *welche* Art von Zielen im Unterrichtskontext förderlich sind, und anschließend wird darauf eingegangen, *wie* Ziele sinnvollerweise formuliert werden sollten.

Lern- und Leistungsziele

Lisa aus der sechsten Klasse sagt: „Ich möchte genau verstehen, wie die Photosynthese funktioniert." – Ihre Mitschülerin Anne sagt: „Ich will nicht schon wieder die Schlechteste in Bio sein." Diese beiden beispielhaften Äußerungen zweier Schülerinnen beinhalten jeweils die Formulierung eines schulbezogenen Ziels. Doch die Auswirkungen auf die Lernmotivation von Lisa und Anne werden sich sehr wahrscheinlich deutlich unterscheiden: Es ist davon auszugehen, dass sich Lisa mit großem Interesse vorbereiten und sich viel Wissen über die Photosynthese aneignen wird, während Anne u. U. nur das Nötigste tun und dabei keine große Freude verspüren wird. Dies hängt mit der Art von Zielen zusammen, die sehr unterschiedlich sein kann und jeweils spezifische Folgen hat. So lassen sich zwei übergeordnete Arten von Zielen unterscheiden: Bei (1) Lernzielen stehen der eigene Wissensaufbau bzw. die Verbesserung der eigenen Kompetenzen im Vordergrund. Ein entscheidendes Merkmal von Lernzielen ist also das Setzen einer individuellen Bezugsnorm: Es ist nicht relevant, wie andere Schülerinnen und Schüler abschneiden, sondern lediglich, dass man sich selbst verbessert. Im obigen Beispiel möchte Lisa die Funktionsweise der Photosynthese verstehen, sie möchte sich Wissen aneignen: sie hat sich ein Lernziel gesetzt. Bei (2) Leistungszielen dagegen steht das Abschneiden im Vergleich zu anderen im Vordergrund, d.h., hier wird eine soziale Bezugsnorm gesetzt: im Sportunterricht am schnellsten die 100 Meter laufen, im Deutschdiktat die wenigsten Fehler machen oder die beste Note in Biologie erreichen. Im obigen Beispiel möchte Anne „nicht schon wieder die Schlechteste in Bio" sein: Ihr Ziel hängt also stark vom Abschneiden der Mitschülerinnen und Mitschüler ab. Sie hat sich also ein Leistungsziel gesetzt. Betrachtet man das Ziel genauer, fällt auf, dass es Anne nicht darum geht, besonders gut im Vergleich mit ihren Mitschülerinnen und Mitschülern abzuschneiden, sondern schlichtweg nicht besonders schlecht: Ziele können also nicht nur in Lern- und Leistungsziele unterschieden werden, sondern auch positiv oder negativ formuliert sein. Man spricht von Annäherungs- und Vermeidungszielen. Diese beiden kategorialen Differenzierungen lassen sich nun miteinander verbinden (Elliot, 1999), sodass sich Annäherungs-Lernziele, Vermeidungs-Lernziele, Annäherungs-Leistungsziele und Vermeidungs-Leistungsziele ergeben. Annäherungs-Lernziele beinhalten demzufolge eine individuelle Bezugsnorm und einen Aufbau von Kompetenzen (z. B. „Ich möchte genau verstehen, wie die Photosynthese funktioniert"). Vermeidungs-Lernziele zeichnen sich ebenfalls durch eine individuelle Bezugsnorm aus, zielen aber auf die Vermeidung von Wissensverlust ab (z. B. „Ich möchte das Wissen, das ich über die Photosynthese bereits habe, nicht verlieren"). Annäherungs-Leistungsziele bedeuten eine soziale Bezugsnorm mit dem Ziel,

besser als andere abzuschneiden (z. B. „Ich möchte in der nächsten Biologie-Arbeit die Beste sein"), während Vermeidungs-Leistungsziele bei einer sozialen Bezugsnorm darauf ausgerichtet sind, nicht schlechter als andere abzuschneiden (z. B. „Ich möchte nicht die schlechteste Note haben"). Auch wenn sich im Unterrichtsalltag auf den ersten Blick eine soziale Bezugsnorm aufzudrängen scheint, ist es empfehlenswert, grundsätzlich eine Lernzielorientierung bei den Schülerinnen und Schülern anzustreben. Es sollte stets im Vordergrund stehen, sich selbst zu verbessern, d. h. sich Annäherungs-Lernziele zu setzen. Unterstützen kann man eine solche Lernzielorientierung, indem diese in Instruktionen und gezielten Nachfragen implementiert wird. Einige Beispiele dafür finden sich in Tabelle 4. Gerade Schülerinnen und Schüler mit Depression haben in der Regel ein negatives Fähigkeitsselbstkonzept, sie trauen sich also wenig zu. Hier ist es wichtig, Leistungen zunächst einmal nicht mit anderen zu vergleichen, sondern eigene positive Entwicklungen anzustreben. Lernziele sind unabhängig

Tabelle 4: Beispiele für Instruktionen und Fragen, die eine Lernzielorientierung enthalten

Unterrichtssituationen, in denen eine Lernzielorientierung implementiert werden kann	Beispiel für eine Äußerung der Lehrkraft
In Aufgabeninstruktionen wird das Ziel vermittelt, eigene Kompetenzen zu verbessern.	*In dieser Übung geht es darum, dass du deine Fähigkeiten im Bereich … verbesserst.*
Mit gezieltem Fragen *vor* einer Aufgabe wird der Fokus auf die Verbesserung von Fähigkeiten gelegt.	*Was, glaubst du, kannst du in dieser Aufgabe lernen?*
Mit gezieltem Fragen *nach* einer Aufgabe wird der Fokus auf die Verbesserung von Fähigkeiten und einem intraindiviuellen Leistungsvergleich angeregt.	*Was hast du in der Aufgabe/ Unterrichtseinheit dazugelernt?*
Konkretes Feedback wird genutzt, um die individuellen Fähigkeiten in den Mittelpunkt zu stellen.	*Du hast schon große Fortschritte gemacht! Besonders aufgefallen ist mir, dass …*
Wochenpläne können verwendet werden, um die individuellen Fortschritte zu dokumentieren.	*In diesem Wochenplan kannst jeden Tag eintragen, was du gelernt hast.*

von anderen zu erreichen und daher in den meisten Fällen zu bevorzugen. Zudem deuten eine Reihe empirischer Befunde darauf hin, dass das Setzen von Lernzielen mit mehr Ausdauer bei der Zielverfolgung (auch bei Misserfolgen), einer tieferen inhaltlichen Auseinandersetzung mit Lerninhalten und mehr Lernfreude einhergeht als das Setzen von Leistungszielen (Ames, 1992; Dweck & Leggett, 1988; Nicholls, 1989; Nolen, 1988).

SMART-Ziele

Neben der Frage, welche Ziele man sich setzt, ist auch die Art und Weise, *wie* man sich Ziele setzt, von Bedeutung. Als hilfreiche Orientierung für eine sinnvolle Formulierung von Zielen hat sich das SMART-Prinzip bewährt. SMART steht dabei für *s*pezifisch, *m*essbar, *a*ttraktiv, *r*ealistisch und *t*erminiert. Im Einzelnen bedeutet dies, dass ein Ziel (1) möglichst konkret formuliert sein sollte (spezifisch). Eine Formulierung, wie z. B. „Ich will mich in Mathematik verbessern", ist kein spezifisches Ziel, sondern ein vage und allgemein ausgedrückter Wunsch und sollte daher vermieden werden. Besser wäre, genau zu erarbeiten (d. h. mit der Schülerin bzw. dem Schüler gemeinsam), worin *genau* das Ziel besteht. So könnte das Ziel beispielsweise lauten „Ich möchte das schriftliche Multiplizieren sicher beherrschen." Damit wäre auch (2) die Messbarkeit erfüllt. Denn dieses Ziel lässt sich präzise überprüfen, indem konkrete Aufgaben zum schriftlichen Multiplizieren gestellt werden. Mit (3) der Attraktivität ist gemeint, dass ein Ziel immer auch individuell bedeutsam sein sollte. Für Außenstehende mögen Ziele manchmal auf der Hand liegen, doch es ist wenig hilfreich, jemandem ein solches Ziel „aufzudrücken". Wenn ein Ziel für eine Schülerin oder einen Schüler gar nicht erstrebenswert ist, wird sie bzw. er auch keine Energie dafür aufwenden. Daher sei nochmals betont, wie wichtig die Teilhabe am Prozess der Zielsetzung ist. Wie bereits erwähnt, sollten Ziele immer (4) realistisch sein. Es ist sinnvoller, mehrere kleinschrittige Ziele nacheinander zu erarbeiten und schrittweise zu erreichen, als ein großes, aber kaum erreichbares Ziel zu formulieren. Schließlich ist (5) die Terminierung eine wichtige Eigenschaft von sinnvoll formulierten Zielen. Das bedeutet, dass Ziele nicht endlos im Raum stehen sollten, sondern bis zu einem bestimmten Zeitpunkt gelten (z. B. „Bis zur Deutscharbeit in drei Wochen will ich die Satzteile Subjekt, Prädikat, Genitiv-, Dativ- und Akkusativobjekt sicher erkennen").

4.4.2 Wenn-Dann-Pläne

Um ein Ziel zu erreichen, muss man häufig viel Energie aufwenden, ausdauernd sein, sich neu motivieren und auch mit Zweifeln und Hindernissen umgehen. Das Erreichen von Zielen stellt also hohe Anforderungen an die Steuerungsfähigkeiten, um Gedanken, Gefühle und Handlungen zu kontrollieren. Diese Fähigkeiten lassen sich als Selbstregulation bezeichnen. Eine effektive Selbstregulations-Strategie zur Zielerreichung stellen Wenn-Dann-Pläne dar (Gollwitzer, 1999). Wenn-Dann-Pläne sind simple Verhaltenspläne mit folgender Form: „*Wenn* Situation Y auftritt, *dann* werde ich das Verhalten Z ausführen." Es werden also geplante zielführende Handlungen an spezifische Situationen gekoppelt. Damit unterscheiden sich Wenn-Dann-Pläne von Ziel-Intentionen wie z.B. „Ich möchte in der nächsten Mathe-Arbeit eine 2 schreiben", die keine konkreten Vorstellungen zur Umsetzung enthalten. Bei einem Wenn-Dann-Plan hingegen werden zielführende Verhaltensweisen konkret erarbeitet und durch die Verknüpfung mit bestimmten – häufig schwierigen – Situationen automatisch aktiviert. So könnte ein Wenn-Dann-Plan für die oben genannte Absicht beispielsweise lauten: „Wenn ich nach der Schule nach Hause komme, setze ich mich als erstes an den Schreibtisch und wiederhole, was wir an dem Tag in Mathe gemacht haben." Durch die simple Konstruktion von Wenn-Dann-Plänen lassen sie sich einfach in den Schulalltag integrieren und können ein nützliches Handwerkszeug für die Schülerinnen und Schüler darstellen. Wichtig ist, dass die Strategie und Funktionsweise zunächst gemeinsam erarbeitet wird, bevor die Schülerinnen und Schüler sie dann selbst auf beliebige Ziele anwenden können.

4.4.3 Sportliche Aktivität

Sportliche Aktivität ist nicht nur förderlich für die körperliche Gesundheit: Auch mit psychischem Wohlbefinden hängt sportliche Aktivität zusammen (Fuchs & Schlicht, 2012) und kann das allgemeine Empfinden von Aktivität und Antrieb steigern. Daher stellen Programme zur Anregung sportlicher Aktivität besonders für Kinder und Jugendliche mit Depressionen sinnvolle Ansätze dar. Denn das Gefühl von Antriebslosigkeit und Passivität ist bei Kindern und Jugendlichen mit Depressionen häufig stark ausgeprägt, sodass sie von verschiedensten Sport-Angeboten in der Schule profitieren können. Beispielsweise ließen sich im Rahmen des Sportunterrichts Angebote schaffen, die zur Bewegung anregen. Diese können von Radtouren über kleinere Sportturniere oder -feste bis hin zu Wettkämpfen mit angeleitetem Training zur Vorbereitung reichen. Es eignen sich insbesondere Ausdauersportarten, und es sollte darauf geachtet werden, keinen zu hohen Wettkampfcharakter zu etablieren. *Jede Bewegung ist besser als keine* sollte das Motto sein, und es sollte in kleinen Schritten begonnen werden, um eine Überforderung zu vermeiden.

Zusammenfassung

Die Lernmotivation von Schülerinnen und Schülern beeinflusst die schulische Leistung maßgeblich, und Lehrkräften bieten sich vielfältige Methoden, um Einfluss darauf zu nehmen. Äußere Anreize wie gute Noten oder kleine Belohnungen können die extrinsische Motivation erhöhen; durch eine geschickte Auswahl an Themen und insbesondere das Einbeziehen der Schülerinnen und Schüler kann auch die intrinsische Motivation gefördert werden. Gerade für den Unterricht von Schülerinnen und Schülern mit Depressionen spielt auch der Umgang mit Leistungsfeedback eine wichtige Rolle: Hier stellt das Attributionstraining eine sinnvolle Maßnahme dar, damit die betroffenen Schülerinnen und Schüler Erfolgs- und Misserfolgserlebnisse angemessen einordnen können und ihre Anstrengungsbereitschaft nicht leidet. Da auch aktives Handeln die Stimmung positiv beeinflussen und der Antriebslosigkeit während einer depressiven Episode entgegenwirken kann, ist die Verhaltensaktivierung eine gewinnbringende Möglichkeit, um Schülerinnen und Schüler motivational zu unterstützen und wieder in eine aktivere Rolle zu bringen. Im alltäglichen Unterrichtsgeschehen ist es hilfreich, mit den Schülerinnen und Schülern zu üben, welche Art von Zielen sinnvollerweise gesetzt werden sollten (Lern- vs. Leistungsziele) und wie Ziele bestenfalls formuliert werden (SMART-Ziele). Einfache, aber effektive Techniken wie Wenn-Dann-Pläne können dann bei der Zielerreichung eingesetzt werden.

5 Förderung bei kognitiven Beeinträchtigungen in Zusammenhang mit Depressionen

Die Symptome einer Depression gehen in den allermeisten Fällen einher mit verschiedenen Formen von Veränderungen im Denken (Conradi, Ormel & de Jonge, 2011). Auch bei Kindern und Jugendlichen treten kognitive Beeinträchtigungen und Depressionen oft gemeinsam auf (vgl. Baune, Fuhr, Air & Hering, 2014). Dies geschieht auch bei Symptomen, die (noch) nicht als klinisch relevant gemäß DSM V/ICD 10 bezeichnet werden, und für verschiedene Formen depressiver Störungen (vgl. Kapitel 1).

5.1 Wechselwirkung kognitiver und depressiver Symptome

Auffälligkeiten in der Informationsverarbeitung von Schülerinnen und Schülern können sowohl an der Entstehung als auch an der Aufrechterhaltung der Depressionssymptome beteiligt sein. Symptome einer Depression und verminderte schulische Leistungen neigen auch dazu, sich zirkulär (gegenseitig) aufzuschaukeln.

Durch die Linderung der Depressionssymptome mildern sich zumeist auch die kognitiven Beeinträchtigungen wieder ab, wobei bei wiederkehrenden depressiven Phasen mit einer nicht ganz vollständigen Wiederherstellung der ursprünglichen kognitiven Leistungsfähigkeit gerechnet werden muss. Das Ausmaß der Beeinträchtigung des Denkens während depressiver Episoden hängt auch von der Schwere der vorhandenen Symptome ab. Da sich Depressionen z. B. durch zirkadiane Schwankungen auszeichnen, die im Tagesverlauf zu einer allmählichen Abnahme der Symptomstärke führen, sind belastende Depressionssymptome und die gleichzeitig auftretenden kognitiven Begleiterscheinungen morgens bzw. vormittags stärker ausgeprägt und mildern sich zum Abend hin eher ab. Die kognitive Leistungsfähigkeit bei Depressionen weicht durchschnittlich um etwa 0.6 Standardabweichungen negativ von den Leistungen Nicht-Betroffener ab, wobei in Einzelfällen noch stärkere Beeinträchtigungen auftreten können (Beblo, 2016).

Störungen des schulischen Lernens und Depressionssymptome treten häufig gemeinsam auf (vgl. Esser, Wyschkon & Schmidt, 2002). Kinder und Jugendliche mit Lernschwierigkeiten erleben insgesamt seltener emotionales Wohlbefinden bzw. häufiger Depressionen (Halonen, Aunola, Ahonen & Nurmi, 2006). Hier zeigen sich möglicherweise zudem die langfristigen Auswirkungen negativer schulischer Erfahrungen, die die soziale und emotionale Entwicklung und psychische Gesundheit mit beeinflussen (Waters, Cross & Shaw, 2010). Das bei schulischen Misserfolgen leider oft einsetzende, zumeist ergebnislose wiederholte „Durchkauen" von negativen Erinnerungen oder Befürchtungen (Grübeln bzw. Rumination) belastet nachfolgend dauerhaft das Denken während und außerhalb der Unterrichtszeiten. Grübeln kann zu einer Abwärtsspirale des emotionalen Zustands führen und die kognitiven Leistungen beeinträchtigen. Durch Grübeln werden wichtige Aufmerksamkeitsressourcen „unnütz" belegt (Young, Erickson & Drevets, 2012). Es reduziert zudem die geistige Flexibilität und behindert ein lösungsorientiertes Denken.

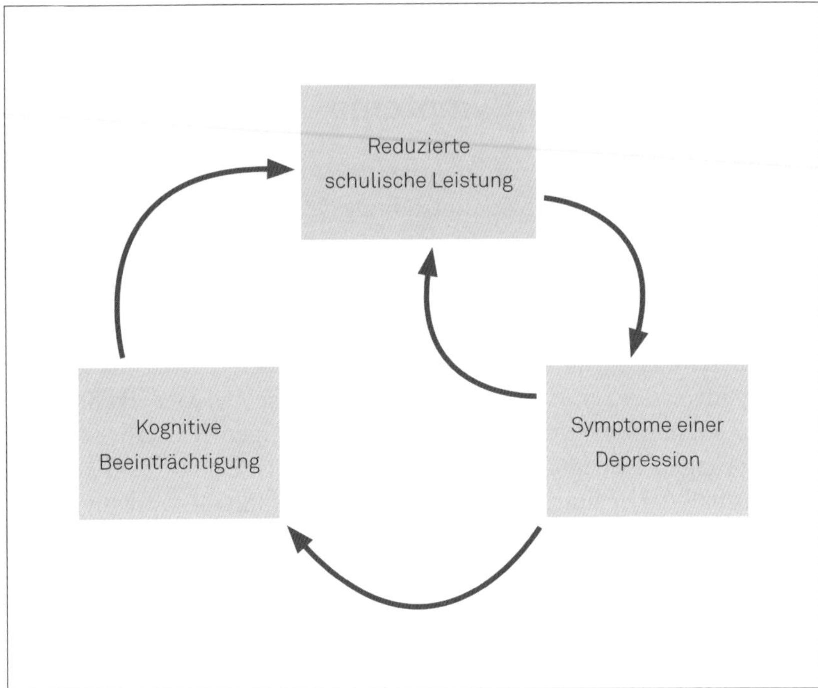

Abbildung 6: Negative Feedbackschleife schulischer Leistungen bei Depressionen (modifiziert nach Beblo, 2016, S. 77)

Kognitive Begleiterscheinungen verhindern, dass vorhandene Ressourcen adäquat genutzt werden, und führen dazu, dass Schülerinnen oder Schüler als Auswirkung depressiver Symptome dauerhaft unter ihrem möglichen schulischen Leistungsniveau verbleiben (Underachievement).

5.2 Betroffene Funktionsbereiche des Denkens

Zwar lässt sich kein Profil identifizieren, das explizit depressionstypische Beeinträchtigungen des Denkens beschreiben würde, es sind aber in aller Regel schulisch besonders einflussreiche kognitive Funktionsbereiche, die in Mitleidenschaft gezogen werden. Sie liegen u.a. im Bereich der exekutiven Funktionen (dem Planen, Entscheiden und Überprüfen eigener Handlungsabläufe), in der Konzentrations- bzw. Aufmerksamkeitsleistung und in der Gedächtnisleistung (Beblo, Sinnamon & Beaune, 2011). Weitere negative Auswirkungen zeigen sich in einer reduzierten geistigen Flexibilität und in Schwierigkeiten, äußere Störreize zu unterdrücken (Inhibition) – dies scheint ebenso ein negativer Effekt des Grübelns zu sein (Philippot & Brutoux, 2008).

Durch eine gezielte schulische Förderung ist es aber möglich, eine Verringerung dieser Begleiterscheinungen depressiver Symptome zu erreichen. Erforderlich sind hierzu wirksame pädagogisch-psychologische Interventionen (Scheurich et al., 2008). Darüber hinaus kann auf diese Weise auch das psychische Funktionsniveau gestärkt werden (Lambert & B. Spinath, 2013), d.h., eine Reduktion kognitiver Schwierigkeiten durch eine wirksame pädagogische Förderung mindert zusätzlich deren Einfluss in der Aufrechterhaltung der Depression. Aus diesem Grund werden in den nun folgenden Abschnitten entlang der beschriebenen Symptombereiche Möglichkeiten einer gezielten schulischen Förderung bei kognitiven Begleiterscheinungen von Depressionen dargestellt.

5.3 Förderung und Unterricht bei depressionsbedingten kognitiven Beeinträchtigungen

Es kann zunächst prinzipiell festgehalten werden, dass alleine die gezielte und wiederholte Aktivierung bestimmter geistiger Funktionen wie ein gezieltes Training wirkt und die Leistungsfähigkeit eines Muskels erhöht.

Methoden, die die betroffenen kognitiven Funktionsbereiche bei Depressionen übend aktivieren, sind insofern wirksam, um die dargestellten Störungen zu mildern (Elgamal et al., 2007). Die Analysen zur Wirksamkeit pädagogischer Interventionen von Hattie (Zierer, 2014, S. 69) betonen u.a. auch die Wirksamkeit übender Aktivitäten und quantifizieren sie mit einer als hoch zu bezeichnenden Effektstärke von .71 (ebda.). Pädagogisch wichtig ist allerdings, dass mögliche Nebenwirkungen von prinzipiell zwar wirksamen, aber potenziell überfordernden, exkludierenden, langweiligen oder demütigenden Methoden nicht aus dem Auge zu verlieren sind. Insofern ist zu einer Vorbereitung gezielter Interventionen eine fundierte Förderplanung wesentlich, die sowohl diagnostische Informationen berücksichtigt, eine explizite Planungsgrundlage umfasst, Fragen zu erfolgversprechenden Lernsettings integriert als auch die bereits durchgeführten Interventionen mit im Blick hat.

5.3.1 Unterstützung der exekutiven Funktionen schulischen Lernens

Das Planen, Entscheiden und Überprüfen des eigenen (Lern-)Handelns ist im zeitlichen Umfeld von Depressionen potenziell beeinträchtigt. Diese *exekutiven Funktionen* steuern den Umgang mit Informationen, die zu einer (Lern-)Situation und zu den eigenen Zielen vorliegen (Drechsler, 2007). Dies erfolgt, indem solche Informationen, die für das Handeln von Bedeutung sind, im Arbeitsgedächtnis aktiv gehalten und solche Informationen, die als Störreize wirken, gezielt und wirksam unterdrückt werden. Da das Arbeitsgedächtnis eine lediglich sehr begrenzte Kapazität hat, kann sich dessen Beeinträchtigung auf den dargestellten Prozess der Steuerung und Kontrolle von Handlungen gravierend auswirken. Diese Beeinträchtigung kann auch mit der bereits dargestellten Tendenz zum Grübeln einhergehen (Joormann & Gotlib, 2008) und mit der häufig auftretenden Neigung zur Unterdrückung von Gedanken – beides stört die Funktionsfähigkeit des Arbeitsgedächtnisses. Mit der Beeinträchtigung exekutiver Funktionen ist also die Steuerung des Denkens (z.B. Anwendung metakognitiver und kognitiver Strategien) gestört (Hertel & Gerstle, 2003). All dies hat zumeist unmittelbare Konsequenzen für das Planen und Problemlösen und wirkt sich in aller Regel insgesamt negativ auf das schulische Lernen aus.

In der Förderung der exekutiven Funktionen geht es schließlich darum, dass Schülerinnen und Schüler die zu einer erfolgreichen Handlungsplanung und Durchführung benötigten Prozesse erkennen, indem diese Prozesse benannt, strukturiert und zielgenau ausgewählt, eingeübt und ggf. wiederholt werden. Damit dies gelingt, ist es notwendig, zielgerichtete Handlungen bewusst in einzelne Komponenten zu zerlegen, um sie später wieder zusammenzuführen. Hierfür sind Hinweise erforderlich, die diese Handlungsplanung strukturierend zerlegen und das Erkennen wesentlicher Aspekte erleichtern, die Organisation von Handlungsabläufen unterstützen und ggf. Teilziele definieren. So könnte man das Lesen eines fremden Texts derart strukturieren, dass

- zuerst die Überschrift gelesen,
- Vorwissen aktiviert,
- Textverständnis reflektiert und
- die zentralen Inhalte benannt werden.

In einer Unterrichtsumgebung, die zur Förderung exekutiver Funktionen geeignet sein soll, ist ein pädagogisches Selbstverständnis notwendig, das angemessene Anforderungen mit einer individualisierten Unterstützung kombiniert (vgl. Müller, Hildebrandt & Münte, 2004, S. 19) und die Tendenz zur Entwicklung einer pädagogischen Schonhaltung verhindert. Der Alltag von Schülerinnen und Schülern mit Beeinträchtigungen exekutiver Funktionen sollte zweierlei Formen pädagogischer Förderung beinhalten:

- Top-down-Stimulationen: Dabei wird eine gezielte Aufmerksamkeit auf Strategien, deren Merkmale, Einsatz und Wirksamkeit gelegt.
- Bottom-up-Stimulationen: Eine Konfrontation mit handlungsauslösenden Anforderungen innerhalb alltäglicher schulischer oder außerschulischer Aufgabenformate. Hierbei sollte zwar Unterstützung angeboten werden, aber möglichst nur dann, wenn diese eine selbstständige Handlungsplanung bzw. Problemlösung erleichtert. Die gut gemeinte kompensatorische Unterstützung durch Peers, Lehrkräfte oder Eltern, die das Vermeiden eigener Handlungsplanungen erleichtert, ist zumeist eher schädlich.

Exekutive Funktionen werden also erfolgreich durch eine Kombination aus den dargestellten Zugängen gefördert. Schulische Inhalte lassen sich mit diesen Basisprinzipien zumeist sehr gut aufbereiten, indem 1. eine Stimulation durch den Aufforderungscharakter einer didaktisch ausgearbeiteten Aufgabe erfolgt und 2. entlang dieser Aufgaben das Handwerkszeug wirksamer Strategien vermittelt wird. Dieser Prozess wird, je nach individuellem Ausgangspunkt, unterschiedlich aufgebaut sein. Er lässt sich aber anhand sehr unterschiedlicher Themen, Fachbereiche oder Fragestellungen realisieren.

Hierzu ein Beispiel für eine Planungsaufgabe mit Bottom-up- und Top-down-Stimulation:

Eine Lerngruppe erhält eine Planungsaufgabe, die zum Ziel hat, heute den Einkauf für das Mittagessen durchzuführen: „Bereitet den Einkauf für das Mittagessen vor. Dafür stehen 30 Minuten Vorbereitungszeit zur Verfügung, danach besprechen wir den Einkauf!" *(Bottom-up-Stimulation)*

Nach 30 Minuten findet ein Auswertungsgespräch statt:

Schüler_in 1: „Wir haben uns überlegt, dass wir gar nicht wissen, was wir kochen wollen."

Lehrkraft: „Ok. Das wissen wir nun. Was könntest du tun, um dies zu ändern?"

(Top-down-Stimulation)

Schüler_in 2: „Wir müssen wissen, wie viel Geld wir ausgeben können."

Lehrkraft: „Für jede/n haben wir 4,50 € Essensgeld."

Schüler_in 1: „Ja, aber jetzt wissen wir noch immer nicht, was wir kochen sollen. Wir haben besprochen, dass wir drei Vorschläge machen und wir dann abstimmen, was wir kochen." (...)

Schüler_in 3: „Und wenn wir dann entschieden haben, was wir kochen, dann können wir eine Einkaufsliste zusammenstellen."

Lehrkraft: „Woher bekommt ihr die Rezepte und Mengenangaben?"

(Top-down-Stimulation)

(...)

Förderung kognitiver und metakognitiver Strategien

Die Vermittlung von kognitiven Strategien für Kinder oder Jugendliche mit Beeinträchtigungen exekutiver Funktionen hat letztendlich zum Ziel, eine Anleitung zu geben, zunehmend selbstständig zu handeln (vgl. Vaughn & Bos, 1987). Hierzu müssen zuerst die aufgabeninhärenten Anforderungen analysiert werden, um daraufhin zu beurteilen, ob die/der Lernende über die erforderlichen Lernvoraussetzungen verfügt. In unterschiedlichen Settings werden dann die zur Bewältigung der Aufgabe erforderlichen Schritte herausgearbeitet. Metakognitive Strategien, die den Handlungsablauf bzw. den Lernprozess steuern und kontrollieren, helfen beim Planen, Überwachen und Bewerten der eigenen Schritte.

Das *Planen* umfasst Aktivitäten zur Vorbereitung der Lernphasen, indem

- Ziele konkretisiert werden,
- eine Auswahl sinnvoller Strategien erfolgt,
- eine Reihenfolge beschrieben wird,
- Wege zur Zielerreichung durchdacht und
- die Höhe der Aufgabenanforderungen eingeschätzt werden.

Die nötige *Überwachung* findet während der Handlung statt, indem ein Vergleich zwischen den geplanten und den tatsächlichen Vorgängen stattfindet, um im Prozess eine optimierende Nachsteuerung zu ermöglichen.

Nachdem eine Aufgabe zu Ende gebracht wurde, unterstützt der Einsatz metakognitiver Strategien eine *Bewertung* des Lernprozesses mit Bezug zur ursprünglichen Zielsetzung. Dies kann zur Folge haben, dass im Ergebnis eine Revision des eigenen Handelns steht, wenn sich herausstellt, dass der Prozess nicht gut funktioniert hat. Das gezielte Anwenden und Modifizieren metakognitiver Strategien ist sehr wirkungsvoll, unterdurchschnittlich lernende Schülerinnen oder Schüler können von einem Training der Anwendung metakognitiver Strategien immens profitieren.

Abhängig von den individuellen Kompetenzen der Schülerin oder des Schülers werden metakognitive Strategien schließlich auf verschiedenen Wegen vermittelt:
- Mit Hilfe kognitiven Modellierens, d.h., indem durch ein Modell (Lehrkraft, Gleichaltrige) eine offene Selbstverbalisierung eigener Überlegungen stattfindet, wie z.B. „Ich denke darüber nach, was gerade das Wichtigste ist“, oder „Ich fange mit den besonders dringenden Aufgaben an“ (Lauth & Schlottke, 2009).
- Durch direkte Instruktion, d.h. ein Benennen konkreter erforderlicher Handlungsschritte seitens einer Lehrkraft.
- Durch die Möglichkeit zur übenden Anwendung einer Strategie, d.h. der persönlichen Lernerfahrung.
- Durch das Diskutieren und Auswerten der Sinnhaftigkeit des Strategieeinsatzes.

Zur Formung angemessenen Strategieeinsatzes ist das explizite und sofortige Feedback durch Lehrkräfte ein wirksames Instrument, besonders um Fehllernen zu vermeiden. Feedback bedeutet in diesem Zusammenhang, dass Lehrerinnen oder Lehrer explizit und individualisiert Stellung beziehen, wie gut gearbeitet wurde und welche abweichende Handlung eine Verbesserung darstellen würde. Hattie quantifiziert pädagogisches Feedback als besonders wirkungsvolle Intervention mit einer mittleren Effektstärke von 0.75 (Zierer, 2014, S. 66). Pädagogisches Feedback ist zur Vorbereitung einer Generalisierung der durchzuführenden erfolgreichen Strategie essenziell wichtig (siehe Kapitel 7.1).

Lerngruppen (Peer assisted learning)

Für Schülerinnen und Schüler mit Depressionen hat das Lernen und Üben mit Gleichaltrigen (Peer assisted learning) eine ganze Reihe von besonders wichtigen Vorteilen. Im Peer assisted learning bearbeiten die Mitglieder einer Lerngruppe eine gemeinsame Lernaufgabe in Partnerarbeit. In aller Regel werden anhand eines gemeinsam anzuwendenden Skripts Rollen verteilt, die darin bestehen, dass bspw. eine Person eine Aufgabe erledigt (wie die, einen Text zu lesen) und andere Mitglieder der Lerngruppe als „Coach“ Unterstützung geben (z. B. daran erinnern, bestimmte Strategien angemessen umzusetzen). Eine dritte Person könnte das Verhalten beobachten und z. B. Leistungssteigerungen registrieren und rückmelden. Die Rollen und ihre damit verbundenen Aktivitäten werden nach festgelegten Regeln getauscht. Peer assisted learning ist sehr effektiv, um die oben beschriebenen Strategien zu üben, und es lässt sich zumeist mühelos in den schulischen Alltag integrieren (McMaster, 2006). In der hier dargestellten Beispielübung (Tabelle 5) liest eine Person einen selbst ausgewählten Text aus einem gemeinsamen Pool kurzer Texte zu verschiedenen Themen mit Unterstützung eines Gruppenmitglieds in der Rolle eines Assistenten. Dieser Assistent unterstützt die Person beim Lesen und in der parallelen Anwendung wirksamer Lesestrategien anhand des dargestellten Kooperationsskripts (Lesetools).

Tabelle 5: Kooperationsskript mit Leser- und Assistentenwechsel (Castello, 2007)

Assistent_in (richtet diese Hinweise an den/die Leser_in)	**Leser_in** (liest und beantwortet die gestellten Fragen) *... nimmt sich den ausgewählten Text.*
Lies zuerst die Überschrift!	*... liest die Überschrift vor.*
Was denkst du, worum es in dem Text geht?	*... stellt Vermutungen an.*
Was weißt du bereits darüber?	*... benennt Wichtiges, was sie/er darüber weiß.*
Okay. Lies jetzt den ersten Absatz!	*... liest den ersten Absatz.*
Hast du alle Wörter verstanden?	*Ja. (wie geht es weiter?)*
	Nein. (wie geht es weiter?)

Tabelle 5: Fortsetzung

Assistent_in (richtet diese Hinweise an den/die Leser_in)	**Leser_in** (liest und beantwortet die gestellten Fragen) *... nimmt sich den ausgewählten Text.*
Hast du verstanden, worum es ging?	*Ja. (wie geht es weiter?)*
	Nein. (wie geht es weiter?)
Gut. Lies jetzt den nächsten Absatz!	*... liest den nächsten Absatz.*
Hast du alle Wörter verstanden?	*Ja. (wie geht es weiter?)*
	Nein. (wie geht es weiter?)
Hast du verstanden, worum es ging?	*Ja. (wie geht es weiter?)*
	Nein. (wie geht es weiter?)
Wird bis zum Ende des Texts so durchgeführt!	
Steht im Text das, was du gedacht hast?	*... antwortet.*
Hat dir der Text gefallen?	*... antwortet und begründet die Antwort.*
Kannst du die Informationen aus dem Text gebrauchen?	*... antwortet und begründet die Antwort.*
Was war das Wichtigste im Text?	*... fasst den Text kurz zusammen.*
Wie passt das zu dem, was du schon weißt?	*... antwortet und begründet.*
Wechsel der Rollen	

Schülerinnen und Schüler können auf diesem Weg das eigene Lernen verbessern, das Lernen anderer beobachten, und eine Lerngruppe kann die gemeinsamen Ressourcen effektiv nutzen. Alle praktizieren gegenseitige Unterstützung, üben es, anderen Feedback zu geben und die Feedbacks anderer anzunehmen. Sie lernen die eigene Leistung und die anderer kriteriengeleitet einzuschätzen, und die Gruppe kann mit Hilfe von ausgearbeiteten Anleitungen selbstständig arbeiten. Durch dieses Üben und die konstante Aktivität entwickeln Schülerinnen und Schüler mehr Sicherheit in der Anwendung von Lernstrategien. Der Unterricht gestaltet sich weniger lehrkraftzentriert, und den Teilnehmenden kann sukzessive die Möglichkeit gegeben werden, den Unterricht aktiv mit zu gestalten, z.B. sich aus eigenem Interesse mit einem Themenfeld zu beschäftigen. Innerhalb von solchen Lerngruppen können alle zudem die Lehrkraftrolle erproben, und es findet explizit ein Einbeziehen aller statt. Die positiven Befunde hinsichtlich der Wirksamkeit einer solchen Förderung werden verstärkt durch die hohe Akzeptanz durch Schülerinnen und Schüler (McMaster, 2006). Wichtig für die Qualität des Peer assisted learning sind klare Kooperationsskripts; hier hat es sich bewährt, dass Lehrkräfte im Vorfeld die Möglichkeit nutzen, an einschlägigen Fortbildungen teilzunehmen.

Lerntagebuch

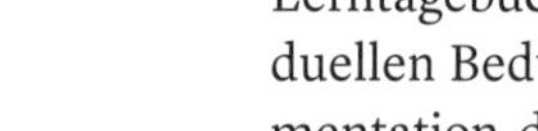

Eine Möglichkeit zur Verselbstständigung, Durchführung und Reflexion der Handlungsplanung sind Lerntagebücher. Durch Lerntagebücher findet gewissermaßen eine Selbstbeobachtung beim Lernen statt, die nach bestimmten Vorgaben dokumentiert wird. Das Verfassen eines persönlichen Lerntagebuchs hat u.a. zum Ziel, durch eine strukturierte Erarbeitung (Elaboration) ein vertiefendes Verständnis für einen neu erlernten Themenbereich zu erreichen, indem gezielte Leitfragen beantwortet werden (z.B. „Was kann ich damit anfangen?“, „Was verstehe ich noch nicht so ganz?“). Ein Lerntagebuch kann die Entwicklung individueller Kompetenzen und das Bewusstsein über den persönlichen Lernprozess unterstützen und zur Supervision des eigenen Verständnisses beitragen. Lerntagebücher können zusätzlich das Praktizieren einer Methode dokumentieren, Lernerfolge sichtbar machen und die Selbststeuerung fördern. Hilfreich ist es, wenn Schülerinnen oder Schüler durch eine Lehrkraft eine Orientierung zum Verfassen des Lerntagebuchs bekommen, z.B. anhand eines Leitfadens, der ihren individuellen Bedürfnissen entspricht. Dort finden sich neben einer Lerndokumentation die im nächsten Schritt zu entwickelnden Kompetenzen zur Selbststeuerung wieder (siehe Beispielfragen Tabelle 6).

Tabelle 6: Lerntagebuch zur Handlungsplanung

	Wie ist es mir gelungen, mit dem Lernen zu beginnen?
	Was hat es mir erleichtert/erschwert?
	Worin bestand mein Lernen?
Handlungsplanung	Wie habe ich mein Lernen vorbereitet?
	Wie gut ist es mir gelungen?
	Was sollte ich verbessern?

5.3.2 Förderung von Konzentration und Aufmerksamkeit

Konzentrations- und Aufmerksamkeitsleistungen sind schulisch sehr relevante Funktionen und ein Kernthema pädagogischer und didaktischer Bemühungen. Bei Schülerinnen und Schülern mit Depressionen können die Kompetenzen zur geteilten Aufmerksamkeit reduziert sein, sodass es ihnen schwerfällt, verschiedene Informationsquellen zu integrieren oder Aufgaben gleichzeitig durchzuführen. Dies wirkt sich bei komplexen Aufgabenstellungen aus, bei einem Wechsel des Lernsettings oder bei dynamischen Lernprozessen. Auch die Fähigkeit zur selektiven Aufmerksamkeit kann beeinträchtigt sein, sodass konzentriertes Arbeiten erschwert ist und Probleme entstehen, sich den spezifischen Merkmalen einer Aufgabe zuzuwenden und irrelevante Reize zu blockieren, d.h. sich nicht ablenken zu lassen. Hinzu können Erschwernisse in der Fähigkeit zu langanhaltender Aufmerksamkeit bei wenig abwechslungsreichen Lernsituationen kommen. Wiederholungen, Übungen, lehrkraftorientierte Lernsettings o.Ä. sind für Betroffene schwerer zu bewältigen, ohne dass Einbußen in ihrer Aufmerksamkeit entstehen.

Es sind zunächst motivationale Aspekte, die Schülerinnen und Schüler die Aufmerksamkeit auf einen Gegenstand richten lassen. Aus intrinsisch motiviertem Interesse den Fokus auf Unterrichtsthemen zu richten, wird durch die von Ryan und Deci (2000) genannten Merkmale des Unterrichts erleichtert, bspw. wenn die Frage, ob Unterricht „spannend und relevant für mich" ist, positiv beantwortet werden kann (siehe Kapitel 4.1).

Die häufig mit den Symptomen einer Depression verbundene Schwierigkeit im Umgang mit negativen Feedbacks rückt außerdem die in dieser Selbstbestimmungstheorie betonte „Kompetenzwahrnehmung" ins Zentrum der Unterrichtsplanung. Schülerinnen und Schüler, die Aufmerksamkeitsprobleme haben und sich u.a. aufgrund der Art und Weise der Unterrichtsgestaltung als inkompetent erleben, werden langfristig mehr Probleme haben, sich dem Unterricht aufmerksam zuzuwenden. Damit für diese Kinder und Jugendlichen keine Überforderung entsteht, sollten Lehrkräfte in der Unterrichtsvorbereitung und Gestaltung von Lehrmaterialien berücksichtigen, dass auf Seite des Unterrichts die Beanspruchung durch irrelevante Informationen minimiert und die didaktische Qualität des Unterrichts optimiert werden.

Kognitive Beanspruchung

Die kognitive Beanspruchung eines Lerngegenstands durch irrelevante Informationen sollte so gering wie nur möglich ausfallen. Dies bedeutet, dass vorhandene Informationen vorab stets auf ihre tatsächliche Relevanz hin geprüft werden müssen, denn häufig ist die Beanspruchung, die aufgrund des eigentlichen Lerngegenstands erfolgt, bereits hoch. Gerade im Unterricht für Kinder oder Jugendliche, die durch die Symptome einer Depression belastet sind, ist eine zentrale Voraussetzung für einen Erfolg, dass Überforderung vermieden wird.

Abhängig vom Vorwissen und von bereits erworbenen Kompetenzen kann sich die individuelle Beanspruchung aufgrund desselben Lerngegenstands individuell deutlich unterscheiden (Mandl & Friedrich, 2006). Das Berücksichtigen des Vorwissens einer Schülerin bzw. eines Schülers muss dabei eine Rolle in der Vorbereitung spielen. Damit neue und bereits bekannte Wissensbestände besser verknüpft werden können, sind unterstützende Lernhilfen wichtig, die dieses Vorwissen aktivieren. Elaborative Fragen, bei denen Verknüpfungen mit anderen Inhalten explizit erfragt werden, wirken zusätzlich unterstützend.

Für die Gestaltung der Lehr- und Lernmaterialien bewähren sich multiple Kombinationen aus Wort und Bild. Veranschaulichungen, wie z. B. Schaubilder, die für räumliche Beziehungen genutzt werden, sollten möglichst mehrere Modalitäten (visuell, verbal) ansprechen. Auch visuelle und auditive Störreize im Unterricht und in den eingesetzten schulischen Materialien sollten reduziert werden. Abbildungen empfehlen sich als integriertes Format.

Selbstinstruktion

Eine mangelnde oder dysfunktionale Selbstinstruktion („Ich schaff's nicht!") kann an psychischen Beeinträchtigungen mitbeteiligt sein. Die systematische Unterstützung der gezielten Selbstinstruktion stellt insofern eine wirksame Möglichkeit dar, die individuelle Handlungskontrolle zu verbessern. Dass die Leistungen hinsichtlich Aufmerksamkeit und Konzentration von Schülerinnen und Schülern durch eine Begleitung zur Förderung der Selbstinstruktion profitiert, berücksichtigen verschiedene Förderprogramme. Zur pädagogischen Förderung von Aufmerksamkeitsschwierigkeiten lassen sich speziell Selbstinstruktionstrainings einsetzen (vgl. Lauth & Schlottke, 2009). Ziel dieser Interventionen ist es, dass eine Hemmung solcher Verhaltensweisen erlernt wird, die nicht zu den momentanen Aufgaben gehören, und dass motorische und kognitive Reaktionen ausgeführt werden, die sich am aktuellen Ziel orientieren und dies mit zunehmendem Durchhaltevermögen erfolgt (vgl. Barkley, 2005). Der Erwerb dieser Kompetenzen findet meistens so statt, dass

(1) zunächst die Lehrkraft als kognitives Modell dient: Lehrer/in gibt sich selbst laut verbalisierend Instruktionen, Kind beobachtet dies mit dem Ziel der Übernahme des Verhaltens,
(2) im nächsten Schritt das Kind die Selbstanweisung der Lehrkraft imitiert und sich selbst Anweisungen gibt,
(3) schließlich das Kind die Anweisungen verinnerlicht und danach handelt, ohne es auszusprechen.

In diesem Beispiel modelliert eine Lehrkraft die Selbstinstruktion einer Lesestrategie:

> „*Also, ich lese mir zuerst die Aufgabe durch.*" Lehrkraft liest einen kurzen Text. „*Hm. Habe ich nicht so ganz verstanden. Macht nichts, ich lese einfach nochmal etwas langsamer und unterstreiche, was ich wichtig finde.*" Lehrkraft liest den Text und nutzt einen Marker. „*Aha. Jetzt klappt es besser. Aber dieses eine Wort - achtern - kenne ich nicht. Ich glaube es bedeutet hinten, dann ergibt der Satz einen Sinn.*"

5.3.3 Förderung von Merkfähigkeit und Gedächtnisprozessen

Manchmal erleben Schülerinnen oder Schüler in depressiven Episoden Phasen mit Einschränkungen ihrer *Merkfähigkeit*. Dabei können Probleme im deklarativen Gedächtnis auftreten mit der Konsequenz, dass schulisch relevante Fakten nicht adäquat gespeichert oder abgerufen werden, d.h. der Zugriff auf vorhandenes Wissen leidet. Auch das autobiografische Gedächtnis kann betroffen sein, mit der Folge, dass Erinnerungen an die eigene Geschichte oder Vorstellungen über die Zukunft nur wenig differenziert vorliegen. Das Lernen von verbalen und nonverbalen Inhalten kann zudem insgesamt behindert sein, was die Aufnahme und Integration neuer Wissensbestände einschränken kann. Durch den phasenweisen Verlust von Erinnerungen kann eine hohe emotionale Belastung entstehen.

Einschränkungen der Merkfähigkeit und des Zugriffs auf schulisches Wissen bei Depressionen können durch die pädagogische Unterstützung mittels Gedächtnisstrategien positiv beeinflusst werden. Die Erfahrung, dass die gezielte Anwendung von Lernstrategien die Gedächtnisleistung verbessern hilft, birgt zudem das Potenzial zur Förderung der erlebten Selbstwirksamkeit in der Überwindung der Beeinträchtigung und sollte daher in der schulischen Unterstützung bei Depressionen genutzt werden.

Einige grundlegende Lernprinzipien, die bei Merkfähigkeitsstörungen im schulischen Alltag berücksichtigt werden sollten, stellen Lepach & Petermann (2010, S. 44) zusammen. Sie betonen dort, dass das Lernen möglichst ohne „Umwege" stattfinden sollte, indem irrtumslos Informationen gespeichert werden bzw. wenn durch ein möglichst rasches Feedback vermieden wird, dass sich zunächst potenziell fehlerhaftes Wissen festigen kann. Als wirksame Methode wird zudem ein systematisches Wiederholen nach bestimmten Zeitintervallen (Repetieren) benannt. Für Schülerinnen oder Schüler, die von Depressionen betroffen sind, legen Pashler et al. (2007) gezielte Auszeiten für eine Wiederholung von wichtigen Themen nahe. Auch deren Vertiefung, insbesondere auch durch eine entsprechende Anleitung für zu Hause, wird dort gefordert.

Bei einer gezielten Förderung der Merkfähigkeit und im Erwerb unterstützender kognitiver Speicherstrategien sollen im Unterricht zunächst Hilfen gegeben werden, die allmählich und sukzessive ausgeblendet werden. Das Aktivieren von Vorwissen, das Nutzen von Speicherstrategien, die Förderung von Strategien, die die Verknüpfung mit Vorwissen erleichtern (Elaborationsstrategien), die Verknüpfung mit anderen Sinnen (Geruch, Geschmack, Aussehen) oder das Konstruieren von Geschichten (Chaining) sind wirksame Förderansätze, von denen einige hier vertiefend dargestellt werden.

Wissensaktivierung

Durch Wissensaktivierung sollen bereits gespeicherte Informationen aus dem Langzeitgedächtnis im Arbeitsgedächtnis zur Verarbeitung bereitgestellt werden. Dieses Aktivieren vorhandenen Wissens ist eine wichtige Voraussetzung, damit neu gelernte Informationen nachhaltig gespeichert werden können. Es gilt allerdings auch, dass umfangreiches und vernetztes Vorwissen das Einordnen neuen Wissens erleichtert. Menschen, die in einem Wissensbereich bereits vorgebildet sind, profitieren daher deutlich mehr durch neu bereitgestelltes Wissen.

Das Aktivieren vorhandenen Wissens hat den Effekt, dass die neuen Inhalte besser verstanden, behalten, angewendet und leichter miteinander verknüpft werden können (Baddeley, 2003). Da das Vorwissen eine besonders prominente Rolle für das Lernen spielt, ist dessen Aktivierung eine wesentliche Komponente für erfolgreichen Unterricht. Aktivierung erleichtert das Einordnen und Speichern neuen Wissens und fördert gleichzeitig die Aufmerksamkeit der Lernenden. Aktivierung schafft die kognitiven und motivationalen Voraussetzungen für eine funktionierende Informationsverarbeitung bzw. der Modifikation bestehender Wissensstrukturen. Dieser Prozess kann durch gezielte Fragen gesteuert werden, z. B.

- durch Instruktion „Was weißt du bereits darüber?",
- durch Hypothesen, z. B. „Was denkst du, wie das zusammenhängt?",
- durch Brainstorming, z. B. „Wir sammeln jetzt einfach mal alle Gedanken",
- oder durch persönliche Berichte bzw. erzählte Erfahrung aus dem eigenen Leben.

Das Nutzen von vorhandenen Wissensbeständen wird erleichtert, wenn das neue Wissen in Relation zum alten gebracht wird, u. a. indem Abweichungen thematisiert und eingeordnet werden, z. B. „das ist anders, weil ...", und indem Übereinstimmungen betont werden, z. B. „das ist genau wie/als ob ...". Diese elaborativen Prozesse stärken die Behaltensleistungen, wenn immer wieder eine Beziehung zwischen neuen und alten Informationen geschaffen wird und eine dauerhafte Verknüpfung durch diesen Vergleich entsteht. Als pädagogische Initiative ist die Anregung und Steuerung solcher Prozesse als didaktisches Prinzip und wesentliche Komponente der Wissensvermittlung ein Merkmal guten Unterrichts. Zunächst durch externe Fragen (z. B. durch Lehrkraft, Lerngruppe), aber im Prozess zunehmend durch aktiv selbst gestellte Fragen, werden diese Verknüpfungsprozesse angeregt und immer mehr verinnerlicht, sodass sich eine zunehmende Verbesserung der Behaltens- und Verstehensleistung einstellen kann. Erarbeitendes Fragen regt „höhere" kognitive Prozesse an, und es macht implizit vorhandene Informationen zugänglich. Das in Tabelle 4 (S. 69) dargestellte Kooperationsskript beinhaltet exemplarisch ein wechselseitiges Stellen elaborativer Fragen in Partnergruppen (Lerngruppen) als sozial verteiltes, gelenktes und kooperatives Arbeiten.

Wissensorganisation

Die Unübersichtlichkeit der Informationsfülle mancher Schulfächer kann durch gezielte Strukturierung reduziert werden. Dies kann man durch den Einsatz von Organisationsstrategien erreichen, bspw. indem ordnende Kategorien gebildet werden. Organisationsstrategien strukturieren Informationen, sodass mehr Klarheit entsteht, die eine Speicherung erleichtert und den Informationsabruf beschleunigt. Mittels Organisationsstrategien können auch die vorhandenen Beziehungen von Informationen leichter genutzt werden, um deren Verarbeitung zu verbessern. Beispiele für Strategien, die diese Prozesse unterstützen, sind

- Strukturieren vorab (Ausblick auf bevorstehende Inhalte als Advance Organizer),
- Entwickeln von Überschriften,
- Hervorhebung von Kernaussagen,
- Grafische Veranschaulichung von inhaltlichen Zusammenhängen,

- Paraphrasierung (Wiedergabe in eigenen Worten) von Textabschnitten,
- Zusammenfassung eines Texts.

Schülerinnen und Schüler erlernen diese Strategien u.a. auf dem Weg einer gezielten Instruktion durch Lehrkräfte, durch Modelllernen und Übernahme der Strategie sowie das gemeinsame, möglichst skriptbasierte Erarbeiten innerhalb von Lerngruppen.

Mnemotechniken

Die Nutzung spezifischer Mnemotechniken trägt zu einer erheblichen Steigerung der Leistungen der *Merkfähigkeit* bei. Mit dem Erlernen und erfolgreichen Anwenden dieser Werkzeuge kann man belasteten Schülerinnen und Schülern eindrucksvoll die Wirksamkeit gezielten Strategieeinsatzes demonstrieren. Exemplarisch wird an dieser Stelle die Mnemotechnik „Methode der Orte" (Loci-Technik) dargestellt:

An erster Stelle dieser Mnemotechnik steht die Entwicklung eines memorialen Systems anhand kognitiv bereits gut repräsentierter Orte (wie z.B. dem Schulweg eines Kindes, s.u.) mit einer immer gleichen Abfolge von Orten, die benannt werden und mit neuem Wissen in Beziehung gesetzt werden.

Wenn bspw. eine längere Einkaufsliste abgespeichert werden soll, so wird diese entlang des Schulwegs durch besonders anschauliche Bilder für das zu Erinnernde verbunden. Wichtig hierbei ist es, dass das Erinnerte originell ist und sich in seiner Auffälligkeit von alltäglichen Inhalten unterscheidet. Mittels dualer (verbaler und bildhafter) Kodierung lässt sich so eine individuell gut zu erinnernde Sequenz von Ereignissen oder Inhalten entlang eines memorialen Systems merken.

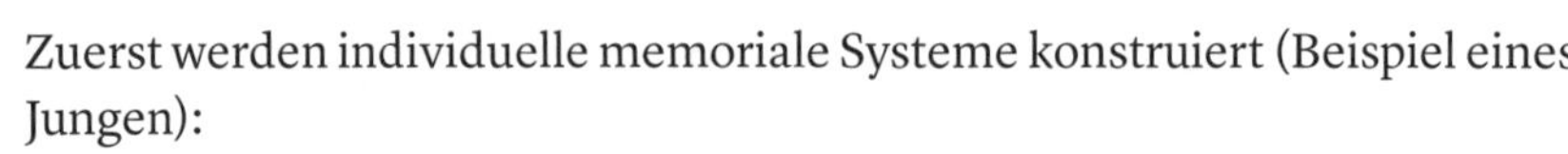

Zuerst werden individuelle memoriale Systeme konstruiert (Beispiel eines Jungen):

> *„Morgens, wenn ich in die Schule gehe, schließe ich hinter mir mit meinem Schlüssel die Wohnungstür zu. Ich gehe an unserem weißen Briefkasten vorbei und danach durch eine Unterführung, wo ich manchmal einen Freund treffe. Wir müssen meistens an der Ampel warten, auf der Tauben sitzen, und gehen dann links über die Bushaltestelle, vorbei an der Kirche und danach über die Fußgängerbrücke. Ich gehe über den Platz vor der Schule und zum Kiosk. Meistens bin ich ja pünktlich und gehe dann direkt in meine Klasse und setze mich auf meinen Stuhl bis der Unterricht beginnt. (...)"*
>
> Nachdem das memoriale System gefestigt wurde, findet eine Verknüpfung der Einkaufsliste mit den Orten dieses Schulwegs statt. (Einkaufsliste: Shampoo, Eier, Milch, Saft, Joghurt, Waschmittel,

Bohnen, Käse, Mayonnaise, Kartoffeln, Kekse, Tee, Orangen). Die Verknüpfung soll originell, anschaulich und möglichst multipel repräsentiert sein. Nachdem diese Verknüpfung erfolgt ist, berichtet der Junge:

„Ich gehe einkaufen und stippe meinen Keksschlüssel in die Teetür. Dann laufe ich am weißen Eierkasten vorbei und unter einem Kartoffelberg durch (dafür brauche ich auch Mayonnaise). Mein Freund, den ich treffe, trinkt gerade Saft, den er aus Orangen frisch presst. An der Ampel warten wir, dort sitzt eine Kuh, die sagt „zuerst gibt's Milch, dann Joghurt, dann Käse". An der Kirche hängt ein Plakat, auf dem steht „das erste Waschmittel, das auch Shampoo ist". Dann kauf' ich mir am Kiosk ein paar Bohnen zum Frühstück (...)".

Im Mittelpunkt von Mnemotechniken steht die Schaffung eines memorialen Systems, bestehend aus einem stabilen kognitiven Netzwerk, um Lerninhalte auf unterschiedlichen Wegen damit zu verknüpfen und schnell eine große Menge an neuen Informationen im Gedächtnis abzuspeichern. Es ist wesentlich einfacher, die bereits vorhandenen Anker zur Bildung eines memorialen Systems zu nutzen, als ein vollständig neues System zu entwickeln. Auf diese Weise entfällt die hohe Hürde zum schnellen Lernerfolg, da die aufwändige Entwicklung und das regelmäßige, wiederholende Anwenden zunächst eine motivationale Hürde darstellen kann. Mnemotechniken kann prinzipiell jeder erlernen und anwenden; diese Optimierung der oft sehr limitierten menschlichen Gedächtnisleistung ist sehr hilfreich, um Wissen zu speichern, das sich ansonsten nur unter großen Mühen (z. B. durch Repetieren) an vorhandenes Wissen anbinden ließe, unabhängig von individuellen Beeinträchtigungen.

Externe Speicher

Eine Möglichkeit zur besonderen Sicherung von Wissen sind persönliche Notizen. Notizen sind in vielen Situationen enorm nützlich und können von sehr unterschiedlicher Art und Qualität sein. Manche nutzen Notizen intensiv als Teil des persönlichen Wissensmanagements, wodurch sie Lernanforderungen, in denen eine größere Informationsmenge verarbeitet wird, häufig besser als andere bewältigen. Das Auswählen, Paraphrasieren und Strukturieren, wenn also Notizen angefertigt werden, bewirkt, dass sich die Behaltensleistung verbessert. Diese Prozesse der Informationsverarbeitung erfordern mehr Aufmerksamkeit, eine Verknüpfung mit dem eigenen Vorwissen und die der Organisation von Wissen.

In Lebenssituationen, wo eine emotionale Belastung auch zu einer Beeinträchtigung der Gedächtnisleistung führen könnte, kann die pädagogische Anleitung zum Erstellen eines solchen externen Speichers ggf. in Kombination mit einem Tagebuch, Lernplan oder individuellen Zeitmanagement sehr nützlich sein. Das Erstellen solcher Notizen und, zu einem späteren Zeitpunkt, das erneute Bearbeiten der als Notizen vorliegenden Wissensbestände steigert die Behaltensleistung. Diese gezielte Wiederholung kann Bestandteil einer gezielten didaktischen Unterstützung sein durch Nachbearbeitung des Stoffes oder zusätzlicher oder alternativer Hausaufgaben. Notizen sind immer individuell und ergänzend auf das eigene Vorwissen bezogen. Eine pädagogische Hilfe kann die begleitende Anleitung einer Schülerin oder eines Schülers sein, diese individuelle Form des Notizenmachens zu entwickeln. Bestandteile könnten sein, dass sie dabei angeleitet werden, wie man für die persönlichen Notizen

- kurze Zusammenfassungen in eigenen Worten formuliert,
- wichtige Inhalte erkennt, die wörtlich notiert werden,
- sinnvoll Abkürzungen nutzt,
- die Notizen übersichtlich anordnet,
- besondere Hervorhebungen gestaltet,
- eine Vernetzung mit dem eigenen Vorwissen festhält.

5.4 Weitere Möglichkeiten einer individuellen Unterstützung

Die Nutzung der hier dargestellten kognitiven und metakognitiven Werkzeuge ist manchmal vorübergehend mit erhöhter Lernanstrengung verbunden. In Phasen reduzierten Antriebs spielen insofern die motivationalen Voraussetzungen eine entscheidende Rolle. Ein Beitrag, der hierzu geleistet werden kann, ist, dass die erreichten Fortschritte für die Betroffenen immer wieder sichtbar gemacht werden. Damit dies erreichbar wird, muss ggf. eine Anpassung an das individuelle Leistungsniveau erfolgen, d.h., dass die erwarteten Leistungen und Lernzuwächse anhand des eigenen bisherigen Leistungsniveaus veranschaulicht werden.

So könnten *besondere Instruktionen oder Arbeitsmaterialien* angeboten werden, sodass den phasenweisen kognitiven Schwierigkeiten angemessene instruierende, didaktische Kompensationen gegenüberstehen. Die Beeinträchtigungen in den exekutiven Funktionen könnten durch mündliche oder schriftliche *Klärung der notwendigen Lernschritte* erfolgen, sodass die Erwartungen an das Lernhandeln explizit benannt und verstanden werden können. Auch die reduzierten Leistungen im Bereich Merkfähigkeit und Gedächtnis können durch *instruierende Unterstützung* im Unterricht begleitet werden, z.B. indem Themen explizit eingeordnet werden, indem Verknüpfungen durch Hervorhebungen sichtbar gemacht werden oder durch eine individualisierte bzw. reduzierte Unterrichtsgeschwindigkeit. Diese Besonderheiten der auch im Tagesverlauf schwankenden Leistungen sollten durch einen *Wechsel der Lernsettings* und eine attraktive Themenwahl berücksichtigt werden und außerdem regelmäßig im Austausch innerhalb des Lehrkollegiums kommuniziert und organisiert werden (vgl. hierzu Kapitel 10.3).

Denn das zentrale Ziel besteht darin zu vermeiden, dass sich die kognitiven Einschränkungen langfristig zusätzlich negativ auf die schulische und soziale Funktionsfähigkeit auswirken.

Zusammenfassung

Kognitive Beeinträchtigungen bei Depressionen können u. a. im Bereich exekutiver Funktionen, in der Konzentrations- bzw. Aufmerksamkeitsleistung und in der Gedächtnisleistung liegen. Das Vermitteln von kognitiven und metakognitiven Strategien durch Modellieren, direkte Instruktion, übende Anwendung und Evaluation sowie gezielte Top-down und Bottom-up-Stimulationen sind wichtige pädagogische Methoden zur Unterstützung Betroffener. Auch ein Peer assisted learning entlang vorbereiteter Kooperationsskripts und der Einsatz eines Lerntagebuchs können wirksame Instrumente sein. Die Förderung von Konzentrations- bzw. Aufmerksamkeitsprozessen kann u. a. mit Hilfe einer veränderten Gestaltung der Lehr- und Lernmaterialien und Unterstützung der Selbstinstruktion umgesetzt werden. Durch den Einsatz von Elaborationsstrategien, einer gezielten Wissensaktivierung und Wissensorganisation sowie durch Mnemotechniken und externe Speicher ist es möglich, die Merkfähigkeit zu erhöhen. Durch schulische Förderung ist es also möglich, kognitive Begleiterscheinungen depressiver Symptome zu lindern, wobei eine temporäre Anpassung an das individuelle Leistungsniveau sinnvoll sein kann.

6 Förderung realistischen Denkens im schulischen Alltag

Ereignisse wie z. B. eine bevorstehende schulische Prüfungssituation können von Kindern und Jugendlichen grundlegend unterschiedlich bewertet werden – als reizvolle Herausforderung oder als demütigende Bloßstellung. Dauerhafte Unterschiede in der gedanklichen Bewertung bedingen auch dauerhafte Unterschiede im emotionalen Erleben; wiederholen und persistieren einseitig negative Gedanken, so wiederholen sich ebenso deren negative emotionale Begleiterscheinungen (Beck et al., 1996).

Derartige Anlässe finden permanent im Schulalltag statt. Gedankliches Bewerten, beispielsweise wenn eine schwierige Übung misslingt, wenn in der Vorbereitung auf eine Prüfung Fehler auftreten oder wenn uneindeutige soziale Rückmeldungen stattfinden, zieht emotionale Folgen nach sich. Die Tendenz zu einer negativ eingefärbten Bewertung kann als Risikofaktor für die Entwicklung emotionaler Auffälligkeiten wirken und ist gleichzeitig eine häufige Begleiterscheinung depressiver Episoden. Depressive Patienten reagieren oft hypersensitiv gegenüber negativem Feedback (bspw. bezüglich schulischer Leistungen) und weniger sensitiv gegenüber positivem Feedback (bspw. wenn eine gute Leistung erbracht wird; Roiser & Sahakian, 2013). Sie haben zudem Schwierigkeiten, sich von negativen Reizen (Informationen) zu lösen, und neigen dazu, sie immer wieder zu durchdenken und zu erleben (Yoon, LeMoult & Joormann, 2014).

6.1 Formen negativer, dysfunktionaler Bewertungen

Besonders an uneindeutigen sozialen Situationen lassen sich verschiedene Varianten einer Bewertung darstellen:

> Elena läuft über den Schulcampus, um zum Sportunterricht zu gehen. Auf diesem Weg kommt ihr Anna entgegen, die sie bereits seit längerer Zeit aus dem Schulchor kennt. Anna unterhält sich gerade inten-

siv mit einer anderen Schülerin, als sie an Elena vorbeiläuft. Elena grüßt Anna freundlich und sieht sie an, aber Anna geht grußlos an ihr vorüber.

- Schülerinnen und Schüler, die zu einer negativen Selbstbewertung und *Internalisierung von Misserfolgen* sowie einer Übernahme von Schuld neigen, reagieren auf eine vergleichbare Situation schneller mit Gedanken wie z. B. „Was habe *ich* nur falsch gemacht?". Sie personalisieren wie selbstverständlich negative Ereignisse und übernehmen die Verantwortung dafür, ohne dies zu hinterfragen. Sie unterschätzen den Einfluss von situativen Variablen, überschätzen ihren eigenen vermeintlich ungünstigen Beitrag und bewerten die eigene Person und ihre Rolle eher negativ.
- *Negativ eingefärbte Erwartungen* und ein pessimistischer Blick in die Zukunft stellen ein ebenso häufiges Muster von verzerrten Bewertungen dar. Ein Gedanke, der dies verdeutlicht ist, z. B.: „Oh je. Jetzt haben bestimmt viele mitbekommen, dass sie mich nicht gegrüßt hat. Das wird ganz sicher schnell die Runde machen."
- Eng hiermit verbunden ist das so genannte *Katastrophisieren*. Eine unangenehme Situation wird dann unmittelbar als „Riesenblamage" und „soziale Demütigung" erlebt, deren soziale Resonanz wird intensiv empfunden, überschätzt und wiederholt durchdacht.
- Das *Gedankenlesen* besteht in einer ungeprüften Zuschreibung von negativen Bewertungen, die andere einem selbst gegenüber vermeintlich praktizieren, wie z. B. „Sie findet mich bestimmt total dämlich und hat deswegen nicht gegrüßt!".
- *Selektive Wahrnehmung* beutet in diesem Zusammenhang, dass positive Erfahrungen vergessen, ignoriert oder abgewertet werden, bspw. wenn bisher die Begegnungen mit Anna sehr positiv verlaufen sind und es sich insofern um ein seltenes Ereignis handelt, das nun eine übertrieben große Bedeutung bekommt.
- Ein unangemessen negatives und rigides *Kategorisieren* im Sinne eines Alles-oder-nichts-Denkens, Verallgemeinerns oder Übertreibens. Dies geht einher mit Gedanken wie „Menschen mögen mich nicht – Anna hat es in ihrem Verhalten deutlich gezeigt. Jetzt ist es endlich raus."
- Auch *irrationale Forderungen* bspw. in Form von überhöhten Erwartungen an sich selbst können als belastendes dysfunktionales Denken auftreten. So könnte Elena den Gedanken entwickeln, „andere stört es überhaupt nicht, wenn sie nicht beachtet werden. Weshalb bin ich nur so empfindlich ..."

Bewerten Schülerinnen oder Schüler in der dargestellten Form unangemessen negativ verzerrt, so gehen damit nicht selten emotionale Probleme einher (Abramson, Metalsky & Alloy, 1989). Dieses verzerrte Denken findet zumeist automatisch und wenig bewusst statt.

6.2 Entstehungsbedingungen dysfunktionalen Denkens

An der Entwicklung einer übertrieben negativen Bewertung der Zukunft, der eigenen Person und ihrer Eigenschaften und Fähigkeiten sind u. a. soziale Erfahrungen beteiligt (Garber & Flynn, 2001). Dabei werden nahestehende Personen wie Eltern, Geschwister oder andere wirksam, wenn wiederholt (explizit oder implizit) *Zuschreibungen* erfolgen wie „du trägt die Schuld“, „mit Mathematik hast du Probleme“ oder auch „rechne immer mit dem Schlimmsten“. Häufige Kritik und der Versuch, psychologische Kontrolle auszuüben, kann dazu beitragen, dass Menschen im Zweifel an das Eintreten der negativen Variante möglicher Ereignisse glauben, anstatt hoffnungsvoll in die Zukunft zu blicken.

Auch in der Wirkung *sozialer Modelle* kann ein Ausgangspunkt für die Entwicklung einer pessimistischen Weltsicht liegen, bspw. wenn diese das Einnehmen negativer Perspektiven und Bewertungen dauerhaft vorleben.

Kinder und Jugendliche, die stark *belastende Erfahrungen* erleben mussten, wie den Verlust einer nahestehenden Person, das Auseinanderfallen der Herkunftsfamilie, Flucht oder Migration, reagieren verstärkt mit einer subjektiv geringeren Kontrollüberzeugung (Rudolph & Clark, 2001). Sie zeigen mehr negative Bewertungsmuster und berichten häufiger von Gedanken über die eigene Hilflosigkeit.

6.3 Schulische Förderung realistischen Denkens

Ein differenzierteres Verständnis von Emotionen und des Einflusses von Gedanken und Bewertungen auf die Entwicklung von Emotionen kann im Rahmen schulischen Unterrichts gefördert werden. Psychoedukative Unterstützung in diesem Sinn wird beispielsweise im Rahmen der Rational-Emotiven Erziehung (Vernon & Bernard, 2006) angeboten. Hier werden u. a. diese Themen bearbeitet:

- Wie es geschieht, dass übertriebene Gedanken zu übertriebenen Gefühlen führen können.
- Dass man ein angemessenes (realistisches) Bewerten von Erfahrungen lernen kann.

- Dass das Unterscheiden zwischen realistischen und irrationalen Gedanken wichtig ist.
- Wie sich unangemessene Verallgemeinerungen und Forderungen auf das eigene Gefühl auswirken können.
- Wie man gezielt die positive Seite von Erfahrungen betrachtet.
- Wo die Grenzen des eigenen Einflusses auf Ereignisse liegen, sodass man sich nicht als schuldig erlebt.

Solche manualisierten Interventionsformen können zumeist relativ leicht in der Schule durchgeführt werden.

Wesentlich ist es, im Unterrichtsalltag eine besondere Aufmerksamkeit für die beschriebenen dysfunktionalen Kognitionen zu entwickeln. Äußern Schülerinnen oder Schüler immer wieder unangemessene, übertriebene, negative Bewertungen, kann der Unterricht als ein natürliches Umfeld genutzt werden, um die Einsicht zu fördern, dass diese Gedanken dysfunktional wirken. Sie sollten dann ein Anlass sein, Kinder oder Jugendliche dabei pädagogisch zu unterstützen, ihre eigenen Gedanken zu überprüfen, um selbst alternative Sichtweisen zu entwickeln.

Ein solcher Anlass könnte bspw. eine Äußerung zu einer positiven Leistungsbewertung (z. B. „das war doch nur Zufall") oder negativen Leistungsbewertung (z. B. „ich bin einfach zu dämlich") sein. Diese Gedanken können unmittelbar zu einem Ausgangspunkt für einen pädagogischen Dialog zwischen Lehrkraft und Schülerin bzw. Schüler werden (siehe Kapitel 4.2.2). Ein derartiger „Sokratischer Dialog" (Stavemann, 2007) ist benannt nach der hartnäckigen Fragetechnik des antiken Philosophen Sokrates, der durch Nachhaken, Hinterfragen und Infragestellen Menschen zur kritischen Reflexion ihrer Sicht angeregt hat. Ziel des sokratischen Dialogs ist es, letztendlich mehr Sensibilität für die eigenen, nicht hinterfragten Bewertungen zu entwickeln und eine Überprüfung und ggf. eine Veränderung der dysfunktionalen Bewertungen zu erreichen. Dieses beharrliche Nachfragen kann schließlich dazu beitragen, dass übertriebene, widersprüchliche und dysfunktionale Denkweisen allmählich reduziert werden und konstruktiveres, realistisches Denken entsteht.

Eine wichtige Form dieses Hinterfragens von Bewertungen ist die *empirische Disputation* (Stavemann, 2007, S. 90 ff.). Hierbei wird angestrebt, Gedanken, Behauptungen und Bewertungen auf ihre Angemessenheit und ausreichenden Realitätsbezug hin zu überprüfen. Eine Frage, die das empirische Disputieren einer Bewertung anregt, könnte sein:

„Welche Anhaltspunkte sprechen für und welche gegen den geäußerten Gedanken?"

Eine andere Frage könnte lauten:

„Welche Beweise gibt es?"

Für die empirische Disputation einer katastrophisierenden Erwartung könnte die Frage hilfreich sein:

„Wie oft hast du schon erlebt, dass diese Befürchtung eingetreten ist?" oder „Kennst du Menschen, denen dies bereits in dieser Form widerfahren ist?".

Um eine Tendenz zur unangemessenen Bewertung der eigenen Rolle zu klären, können Fragen wie

„Ist das realistisch?" oder

„Was würde ein guter Freund dazu sagen?" erhellend sein.

Die *logische Disputation* hat zum Ziel, Schlussfolgerungen hinsichtlich ihrer Stringenz, d.h. auf logische Widersprüchlichkeit hin zu überprüfen. Dabei können Fragen gestellt werden wie

„Stimmt das so?"

„Was wäre eigentlich das Schlimmste, das passieren könnte? Was würde dann passieren?"

„Was ist eine realistische Erwartung?"

Das aufmerksame Registrieren dysfunktionaler Bewertungen und einfühlsames Reagieren in Form alternativer Äußerungen unterstützt Schülerinnen und Schüler dabei, achtsam mit eigenen Gedanken umzugehen. Das Bewusstsein, dass Denken und Fühlen eng verbunden sind und Emotionen sich aktiv verändern lassen, ist ein wichtiger pädagogischer Baustein in der Prävention von Depressivität. Gerade auch Eltern gegenüber sollten diese Erkenntnisse deutlich vertreten werden, wenn eine familiäre Tendenz zu unrealistischen Bewertungen erkennbar wird.

Zusammenfassung

Kinder oder Jugendliche mit Depressionen neigen dazu, hypersensitiv auf negative Feedbacks und wenig sensitiv gegenüber positiven Feedbacks zu reagieren. Gleichzeitig zeigt sich häufig das Muster einer negativen Selbstbewertung und Internalisierung von Misserfolgen. Betroffene haben oftmals negativ eingefärbte Erwartungen, katastrophisieren vergleichsweise geringe Probleme, unterstellen anderen ihnen gegenüber Ablehnung, nehmen leichter selektiv negative Informationen wahr, tendieren zum Schwarz-Weiß-Denken und entwickeln nicht selten irrationale Forderungen an sich selbst. Mit einem solchen unangemessen negativ verzerrten Denken, das automatisch und wenig bewusst stattfindet, gehen nicht selten emotionale Probleme einher. In deren Entstehung spielen soziale Zuschreibungen und Modelle sowie belastende Erfahrungen eine wichtige Rolle. Neben manualisierten Programmen, die relativ leicht in der Schule durchgeführt werden können, ist es wichtig, im Unterrichtsalltag eine besondere Aufmerksamkeit für dysfunktionale Kognitionen und eine Veränderung unangemessen negativer Bewertungen zu erreichen.

7 Self-Compassion bei Kindern und Jugendlichen mit Depressionen

Die Bedeutung des Konzepts der „Self-Compassion" (Neff, 2012) in Zusammenhang mit der Entwicklung von Depressionen erschließt sich, wenn man sich belastende Situationen im Schulumfeld vor Augen hält. Dass Schülerinnen und Schüler diese erfolgreich bewältigen, hängt auch mit einer Haltung zusammen, die sie sich selbst gegenüber entwickelt haben. Innerhalb dieses Kapitels werden die Grundlagen eines selbst gerichteten Mitgefühls skizziert, dessen Entwicklung und pädagogische Zugänge zur Unterstützung von Kindern und Jugendlichen, um sich selbst gegenüber eine fürsorgliche und freundliche Haltung zu zeigen.

7.1 Feedback und Selbstkritik

Im Kontakt zu Gleichaltrigen und Lehrkräften finden an Schulen täglich Situationen statt, in denen Schülerinnen und Schüler offene oder verdeckte Feedbacks erhalten. Diese Feedbacks können sich auf die sichtbaren schulischen Leistungen oder das gezeigte soziale Verhalten, aber auch auf persönliche Eigenschaften von Kindern und Jugendlichen beziehen. Letztere sind gerade für Jugendliche besonders bedeutsam, denn sie sind nachhaltig in der Entwicklung der eigenen Identität wirksam (Borkowski, Ramey & Bristol-Power, 2002, S. 275).

Manche Schülerinnen und Schüler tun sich schwerer als andere im Umgang mit solchen schulischen oder sozialen Rückmeldungen, einige erleben bereits sachliche und differenzierte Rückmeldungen sogar als sehr belastend. Im Verborgenen findet dann vielleicht eine übertrieben selbstkritische Analyse dieser Rückmeldung statt, die selbstdestruktive Anteile entwickeln kann. Häufige und exzessive Selbstkritik führt aber langfristig zu einer dauerhaft negativen Selbstbewertung (Gilbert et al., 2004) und verstärkt zunehmend solche Gedanken und Emotionen, die zu einer allgemeinen Selbstablehnung führen können.

Einer Depression geht in ihrer Entwicklung oft eine solche besonders selbstkritische Haltung von Schülerinnen und Schülern voraus. Dieses Reaktionsmuster erschwert schulische Rückmeldungen und ist vielfach begleitet von übertriebenen sozialen Vergleichen mit einem starken Glauben daran, dass andere besser und erfolgreicher sind als man selbst. Ein rigider Perfektionismus, perfektionistische Gedanken hinsichtlich der zu erreichenden schulischen Leistungsstandards, und das Grübeln über die eigenen vermeintlichen Unzulänglichkeiten und Fehler gehen schließlich einher mit einer Neigung zur Depression. In (erwarteten) Bewertungssituationen wird häufig ein strenger „innerer Kritiker" erlebt, mit Äußerungen wie „Du bist nicht gut genug", Das redest du dir nur schön", „Irgendwann fliegt auf, wie dumm du bist".

Obwohl ein Streben nach persönlichen Zielen nicht grundsätzlich schädlich sein muss, wirken eine destruktive Selbstkritik und die eskalierende Sorge darüber, einen Fehler zu begehen und in dessen Folge durch andere kritisch bewertet zu werden, depressionsfördernd. Aus diesem Grund gehen auch mit der Tendenz zum Perfektionismus häufiger Depressionen einher (Ferrari et al., 2018).

7.2 Self-Compassion

Im Gegensatz zu exzessivem Perfektionismus und destruktiver Selbstkritik zeigen manche Menschen positive und empathische Gedanken und Emotionen sich selbst gegenüber und behandeln die eigene Person verständnisvoll, freundlich und unterstützend. Diese Self-Compassion (Selbstmitgefühl) ist eine Haltung, die es ermöglicht, insbesondere bei negativen Erfahrungen mit selbst gerichteter Freundlichkeit, Empathie, Geduld und Gleichmut zu reagieren (Karl et al., 2018). Neff (2003) beschreibt Self-Compassion in drei Kerndimensionen als

- eine an das Selbst gerichtete Freundlichkeit im Gegensatz zu einer Verurteilung,
- ein Empfinden von Zugehörigkeit zur menschlichen Gemeinschaft statt einer erlebten Isolation und
- eine praktizierte Achtsamkeit anstatt einer „Überidentifizierung" (siehe weiter unten).

Die deutschsprachige Version der Self-Compassion Scale (SCS-D) der ursprünglich englischsprachigen Self-Compassion Scale (SCS) (Neff, 2009) beschreibt die Bedeutung dieser Dimensionen genauer. Dort finden sich Aussagen zu den drei genannten Kerndimensionen von Self-Compassion (Hupfeld & Ruffieux, 2011, S. 123).

Dimensionen und Beispielitems der Self-Compassion Scale (SCS-D) (Hupfeld & Ruffieux, 2011, S. 123)

Dimension Selbstbezogene Freundlichkeit vs. Selbstverurteilung

Aussagen zur selbstbezogenen Freundlichkeit:

- Ich versuche verständnisvoll und geduldig gegenüber jenen Zügen meiner Persönlichkeit zu sein, die ich nicht mag.
- Ich versuche mit mir selbst liebevoll umzugehen, wenn es mir emotional schlecht geht.

Aussagen zur Selbstverurteilung:

- Ich bin intolerant und unduldsam gegenüber denjenigen Seiten meiner Persönlichkeit, die ich nicht mag.
- Wenn ich Leid erfahre, kann ich mir gegenüber ein wenig kaltherzig sein.

Dimension Achtsamkeit vs. Überidentifizierung

Aussagen zur Achtsamkeit:

- Wenn etwas Unangenehmes passiert, versuche ich einen ausgewogenen Überblick über die Situation zu erlangen.
- Wenn es mir schlecht geht, versuche ich meinen Gefühlen mit Neugierde und Offenheit zu begegnen.

Aussagen zur Überidentifizierung:

- Wenn ich mich niedergeschlagen fühle, neige ich dazu, nur noch auf das zu achten, was nicht in Ordnung ist.
- Wenn mich etwas aufregt, werde ich von meinen Gefühlen förmlich mitgerissen.

Verbindende Humanität vs. Isolation

Aussagen zur verbindenden Humanität:

- Wenn die Dinge bei mir schlecht laufen, sehe ich diese Schwierigkeiten als Teil des Lebens, den jeder einmal durchlebt.
- Ich versuche, meine Fehler als Teil der menschlichen Natur zu sehen.

Aussagen zur Isolation:

- Wenn ich über meine Fehler und Mängel nachdenke, neige ich dazu, mich vom Rest der Welt getrennt und abgeschnitten zu fühlen.
- Wenn ich wirklich zu kämpfen habe, neige ich zur Ansicht, dass andere es sicherlich einfacher haben.

Eine Person, die Self-Compassion empfindet, kann sich selbst bei negativen und leidvollen Erfahrungen leichter mitfühlend begegnen. Sie hat eine angemessene Sensitivität für das eigene Befinden entwickelt und kann sich in belastenden Momenten um das eigene Wohlergehen kümmern, ohne sich dabei zu bewerten oder zu verurteilen. Sie zeigt sich also selbst gegenüber empathisches Verständnis und eine zugewandte Aufmerksamkeit. Self-Compassion kann im Alltag auf verschiedene Weise sichtbar werden, wie z. B.

- in konstruktiven selbst gerichteten Gesprächen oder Gedanken,
- darin, sich zu entspannen oder angenehme Dinge zu tun, wenn man sich nicht gut fühlt,
- Dinge zu tun, die sich positiv auf Körper und Geist auswirken, bzw. Schädliches zu vermeiden,
- darin, mit den eigenen Gedanken, Wünschen und Bedürfnissen aufmerksam umzugehen,
- sich nicht zu verurteilen, sondern den Versuch zu unternehmen, sich selbst besser zu verstehen.

7.3 Bedeutung von Self-Compassion für die psychische Gesundheit und die schulische Entwicklung

Sind Kinder oder Jugendliche aufgrund ihrer Disposition oder angesichts belastender Erfahrungen gefährdet eine Depression zu entwickeln, kann Self-Compassion als psychischer Schutzfaktor wirken (Krieger, Berger & Holtforth, 2016). Es liegen vielfach Belege vor, dass Self-Compassion langfristig zu einer Verbesserung der psychischen Gesundheit beiträgt und internalisierende Störungen wie Depressionen oder Ängste reduziert (Neff, 2009).

Sich selbst als isoliert zu erleben, ist hingegen ein starker Prädiktor für die Entwicklung der Symptome einer Depression (Körner et al., 2015). Diese als „verbindende Humanität" bezeichnete Dimension von Self-Compassion beschreibt das menschliche Bedürfnis nach Verbundenheit und Zugehörigkeit. Bei schwierigen schulischen Situationen, negativen Rückmeldungen oder in besonders belastenden Lebensphasen ist die selbst gerichtete Freundlichkeit ein Schutzfaktor, um destruktives Denken, wie z. B. Selbstkritik, Katastrophisieren und Grübeln, zu mildern und zu überwinden. Self-Compassion trägt dazu bei, dass negative Gedanken und Emotionen leichter als dysfunktional erkannt und bewältigt werden (siehe Kapitel 6.1). Dies zeigt sich bspw. darin, dass Schülerinnen und Schüler mit ausgeprägter Self-Compassion besser mit den eigenen Fehlern umgehen können (Muris et al., 2016). Auch die Bewältigung von Stress gelingt diesem Personenkreis leichter (Bluth et. al., 2016). Hierbei hat Self-Compassion ähnliche Effekte wie ein gezieltes Überdenken und Revidieren dysfunktionaler Gedanken (vgl. Kapitel 6.3). Insofern ist Self-Compassion eng verbunden mit einer konstruktiven Bewältigung negativer Emotionen. Berking und Whitley (2014) bezeichnen Self-Compassion als eine anpassungsfähige Strategie zur Emotionsregulation, die in belastenden Momenten einsetzt.

Aus schulischer Sicht entfaltet die vorhandene Fähigkeit zur selbst gerichteten Freundlichkeit eine besondere Qualität: pädagogisches Feedback kann so offener angenommen und genutzt werden. Self-Compassion stärkt insofern die Lernmotivation (Breines & Chen, 2012) und kann die schädlichen, selbstdestruktiven Effekte einer vorhandenen Neigung zum Perfektionismus mildern.

7.4 Entwicklung und Ablehnung von Self-Compassion

Es sind zumeist biografisch weit zurückliegende Erfahrungen des Angenommen-Seins, von Wärme und Sicherheit, die die Entwicklung von Compassion (Mitgefühl) und Self-Compassion fördern (Gilbert, 2009). Dabei findet sich ein sehr enger Bezug zu den Bindungserfahrungen im Kleinkindalter, denn das Verinnerlichen der erlebten elterlichen, bedingungslosen Zuwendung und Akzeptanz trägt dazu bei, dass Menschen in Belastungszeiten die erfahrene selbst gerichtete Freundlichkeit empfinden und zeigen können.

Im Gegensatz hierzu wirken Erfahrungen der Ablehnung, Vernachlässigung und der wiederholten und fundamentalen elterlichen Kritik einer Entwicklung von Self-Compassion entgegen. Die Erinnerung an häufige beschämende Situationen scheint sogar extrem negative Auswirkungen auf die Entwicklung eines positiven Selbstkonzepts zu haben und einen Beitrag zur Entstehung von Depressionen zu leisten (Steindl, Matos & Creed, 2018). Erlebte blamierende und beschämende Situationen befördern die Entwicklung eines subjektiv als verletzlich, mangelbehaftet, schwach und unwert erlebten Selbst. Es entsteht gleichzeitig eine Neigung dazu, das soziale Gegenüber als kritisch, bedrohlich und urteilend wahrzunehmen und, unabhängig vom tatsächlichen Verhalten, eine kritische Bewertung durch andere zu antizipieren.

Solche Schamerfahrungen können sich auch zu einem späteren Zeitpunkt ereignen oder als Wiederholung erlebt werden, wenn durch Gleichaltrige oder Erwachsene in Kita oder im Schulumfeld eine fundamentale Ablehnung stattfindet.

Dass mitfühlende Gedanken – Compassion oder Self-Compassion – durch Kinder, Jugendliche oder Erwachsene abgelehnt, belächelt oder verhöhnt werden, stellt ein nicht seltenes Phänomen dar. Typische Hindernisse einer Beschäftigung mit und Stärkung von Self-Compassion bestehen zumeist darin, dass sie verwechselt und missverstanden wird. Die häufig genannten Gründe sind u. a. nicht „verweichlicht" werden zu wollen, die Verwechslung mit der „Verweigerung, Verantwortung zu übernehmen" oder „Angst, die motivierende Wirkung von Selbstkritik zu verlieren" (Dundas et al., 2017).

Gilbert, McEwan, Matos und Rivis (2011) beschreiben, dass Angst vor Compassion oder Self-Compassion oft verbunden ist mit psychischen Störungen oder Auffälligkeiten. Gründe für diese Angst davor, *anderen gegenüber* mitfühlend zu sein, bestehen demnach oftmals in massiven Bedenken,
- von anderen ausgenutzt zu werden,
- dass andere abhängig werden könnten oder
- selbst die Belastung nicht auszuhalten.

Die Angst vor dem *Mitgefühl anderer* liegt oftmals in der Angst
- vor Ausnutzung begründet,
- davor, schließlich ohnehin nicht genug Mitgefühl zu bekommen, oder
- dieses Mitgefühl nicht zu verdienen.

Dass Menschen Angst davor haben, *sich selbst gegenüber mitfühlend* zu sein, begründen sie oft damit,
- nicht schwach oder egoistisch wirken zu wollen,
- Angst davor zu haben, von negativen Emotionen überschwemmt zu werden, oder
- die mitfühlende Aufmerksamkeit sich selbst gegenüber nicht wirklich zu „verdienen" (Gilbert et al., 2011).

7.5 Bedeutung für pädagogisches Handeln

Große Bedeutung erhält selbst gerichtete Freundlichkeit besonders dann, wenn Schülerinnen oder Schüler enttäuscht sind von sich selbst, wenn sie in sozialen Vergleichssituationen sichtbar ungünstig abschneiden und sie Ärger oder Neid empfinden. Wenn Bedauern, Schuld oder Scham aus schulischen Situationen resultiert und Lösungsversuche und Anstrengungen nicht zu einem erwünschten Ergebnis führen, sind Menschen, die sich selbst gegenüber eine positivere Haltung zeigen können, besser geschützt vor überwältigenden und eskalierenden negativen Emotionen. Schülerinnen und Schülern, die sich hierdurch auszeichnen, fällt es außerdem leichter, ihren eigenen Beitrag in der Entstehung einer schwierigen Situation anzunehmen (Leary, Tate, Adams, Allen und Hancock, 2007).

Die wesentlichen Grundlagen der Stärkung von Self-Compassion bestehen aus pädagogischer Sicht darin, Schülerinnen und Schülern nicht zu beschämen oder zu verurteilen (Neff, 2012):

- Wertschätzende Feedbacks erfordern, dass freundlich, unterstützend und mitfühlend Verhaltensstandards benannt und eine altersangemessene Orientierung gegeben werden, aber kein Verurteilen einer Person für unerwünschtes Handeln oder eine mangelhafte Leistung geschieht.
- Im Fokus pädagogischer Feedbacks steht insofern das Verhalten und nicht der Wert einer Person.
- Aspekte der nonverbalen Kommunikation müssen dabei immer berücksichtigt werden, d.h. zu freundlichen Worten passt kein bedrohlicher Tonfall und auch keine ablehnende Körpersprache.
- „Fehler" sollten normalisiert und als Lernanlässe verstanden werden – ein fachlich unterstützendes *und* mitfühlendes Kommentieren von Fehlern verspricht insofern einen positiven Effekt.
- Das Annehmen von Feedback bzw. dessen verantwortungsvolles Umsetzen geschieht leichter, wenn man gleichzeitig für das Erleben einer negativen Emotion Mitgefühl erhält.

Leistungs- und Verhaltensfeedbacks oder das Einfordern eines Befolgens von wichtigen Regeln sind Beispielsituationen, in denen einfühlsames pädagogisches Handeln Self-Compassion unterstützt.

Wie Erwachsene – Eltern oder Pädagoginnen bzw. Pädagogen – mit ihren eigenen vermeintlichen Unzulänglichkeiten umgehen, ob dabei eine dramatisierende und unnachgiebige Selbstbestrafung erfolgt oder ob sie sich selbst gegenüber freundlich begegnen, bleibt nicht ohne Auswirkung auf ein beteiligtes Kind und dessen Wahrnehmung, Erleben und Handeln. Wie man gegenüber den eigenen Fehlern reagiert, bleibt nicht ohne Konsequenzen für andere. Daher ist eine wichtige Voraussetzung einer Unterstützung von Self-Compassion bei Kindern und Jugendlichen, dass die beteiligten Erwachsenen einen konstruktiven und freundlichen Umgang mit sich selbst praktizieren. Als Erwachsene sollte man bspw. erlebten Emotionen, die problematischem Verhalten im Umgang mit Kindern zugrunde liegen, mitfühlend begegnen, sich selbst dabei nicht verurteilen, sondern die wirkenden Ursachen und passende Lösungen suchen (Neff, 2012, 269).

7.6 Unterrichtliches Handeln

Bereits kurze und leicht durchführbare Übungen, in denen eine Induktion oder Aktivierung von Anteilen der Self-Compassion erfolgt, können sehr positive Auswirkungen auf Schülerinnen und Schüler haben (Arimitsu & Hofmann, 2017). Ein Beispiel hierfür ist ein pädagogisch angeleiteter, freundlicher Brief, den Jugendliche an sich selbst richten und in dem auf ein empathisches Verständnis und wertschätzende Unterstützung geachtet wird.

Hohe Wirksamkeit hinsichtlich einer Stärkung verschiedener Aspekte von Self-Compassion wurde mit Hilfe eines schulischen Programms erreicht, innerhalb dessen einige der nachfolgend dargestellten Aktivitäten umgesetzt wurden (Dundas et al., 2017, S. 448):

- In einer Übung sollten Schülerinnen und Schüler darüber nachdenken, in welcher Weise sie sich selbst gegenüber äußern würden, um die Änderung eines Verhaltens zu erreichen, das sie an sich selbst nicht mögen. Anschließend sollten diese Äußerungen aufgeschrieben werden.
- Im zweiten Teil wurden sie aufgefordert, den gleichen Auftrag umzusetzen, mit dem Unterschied, dass die gewünschte Verhaltensänderung in diesem Fall an einen Freund gerichtet sein sollte. In der Gruppe wurde schließlich der Unterschied diskutiert, und die Auswirkungen wurden besprochen, um die Wirksamkeit der selbst gerichteten Freundlichkeit zu betonen.
- Weitere Übungen betrafen den Umgang mit erlebtem körperlichem Stress, wobei Wert auf einen mitfühlenden Umgang mit Belastungsreaktionen gelegt wurde.
- Es wurden unterschiedliche Situationen aufgegriffen, die als beschämend erlebt wurden.
- Destruktive Selbstkritik wurde thematisiert und der Unterschied zu mitfühlendem Verhalten.

Auch Neff, Rude und Kirkpartick (2007) konnten zeigen, dass die Beschäftigung mit Self-Compassion – wie z. B. im Rahmen des Unterrichts – vergleichsweise schnell wirksame positive Effekte bei Jugendlichen erreichen kann.

7.7 Psychotherapeutische Stärkung von Self-Compassion

Als ebenso effektiv haben sich Formen psychotherapeutischer Interventionen mit dem Ziel einer Stärkung von Self-Compassion gezeigt. Das Compassionate Mind Training (CMT) (Gilbert, 2009) konnte bspw. positiv evaluiert werden und die Reduktion von Schamgefühlen, von extremer Selbstkritik und von Gefühlen der Minderwertigkeit bewirken (Gilbert & Procter, 2006). Das CMT findet in Sitzungen mit wöchentlich zwei Stunden statt. Die Autor/innen beschreiben das Konzept so:

> „In summary, CMT involves the elements of a specific psycho-educational focus on the qualities of self-compassion, locating self-criticisms as forms of safety strategies/behaviour, recognizing the fears behind it, developing empathy for one's own distress and safety efforts and refocusing on compassionate images, thoughts, emotions and behaviours — with warmth" (Gilbert & Procter, 2006, S. 13).

Eine psychotherapeutisch fundierte Förderung des achtsamen Selbstmitgefühls steigert insgesamt Optimismus und effektives Arbeiten (Smeets et al., 2014) und ist eine wirksame therapeutische Intervention bei Depressionen (Kirby, et al., 2017). Durch Self-Compassion werden schmerzvolle Erkenntnisse nicht vermieden, sondern mit einer freundlichen Aufmerksamkeit gegenüber sich selbst *ausgehalten*.

Zusammenfassung

Perfektionismus und Grübeln gehen einher mit einer Neigung zur Depression. Eine Bewältigung schwieriger und belastender Situationen hingegen gelingt leichter, wenn Menschen eine freundliche Haltung sich selbst gegenüber entwickelt haben. Self-Compassion (Selbstmitgefühl) beschreibt diese Haltung, die es ermöglicht, insbesondere bei negativen Erfahrungen mit selbst gerichteter Freundlichkeit, Empathie, Geduld und Gleichmut zu reagieren. Sie wird sichtbar in konstruktiven selbst gerichteten Gesprächen oder Gedanken, darin, sich zu entspannen oder angenehme Dinge zu tun, seinen eigenen Gedanken, Wünschen und Bedürfnissen aufmerksam zu begegnen und sich nicht zu verurteilen. Self-Compassion trägt zur Verbesserung der psychischen Gesundheit bei und reduziert internalisierende Störungen wie Depressionen oder Ängste. Die wesentlichen Grundlagen einer Stärkung von Self-Compassion bestehen aus pädagogischer Sicht darin, Schülerinnen und Schüler nicht zu beschämen oder zu verurteilen. Schulisches Handeln trägt zur Stärkung verschiedener Aspekte von Self-Compassion bei.

8 Schulische Förderung bei emotionsbezogenen Symptomen

Gefühle wie Traurigkeit, Niedergeschlagenheit oder Wertlosigkeit machen es für die betroffenen Kinder und Jugendlichen schwer, dem Unterrichtsgeschehen zu folgen und ihre schulischen Fähigkeiten abzurufen. Für die Lehrkräfte gilt es, das emotionale Erleben ihrer Schülerinnen und Schüler angemessen einzuordnen, Anzeichen einer depressiven Episode zu erkennen (vgl. Kapitel 1 und 2) und emotionale Ressourcen zu stärken. In diesem Kapitel werden Ansätze zur Förderung emotionaler Kompetenzen vorgestellt; abschließend wird eine Grundhaltung für den Umgang mit Schülerinnen und Schülern angeregt, die der Lehrkraft ein Ausprobieren neuer Verhaltensweisen erlaubt, um mögliche Problemkreisläufe zu durchbrechen.

8.1 Komponenten emotionaler Kompetenz

Die Emotionsregulation, also Prozesse zur Veränderung emotionaler Zustände, ist ein wichtiger Ansatzpunkt in den allermeisten Förderprogrammen für Kinder und Jugendliche mit Depressionen (Aldao, Gee, De Los Reyes & Seager, 2016; vgl. Kapitel 3). Emotionale Kompetenz geht jedoch über regulatorische Prozesse hinaus und umfasst insgesamt vier Komponenten (Petermann, Petermann & Nitkowski, 2016):

(1) Emotionsbewusstsein,
(2) Emotionsverständnis/Emotionswissen,
(3) Empathie,
(4) Emotionsregulation.

Mit dem (1) Emotionsbewusstsein ist die grundlegende Fähigkeit gemeint, Emotionen bei sich und anderen prinzipiell wahrzunehmen, das heißt aufmerksam und sensibel für emotionale Regungen zu sein. Dies können kleinste Änderungen in der Mimik wie das Zucken der Augenbrauen oder das Absenken der Mundwinkel, aber auch ein zunächst unspezifisches flaues Gefühl im Magen sein. Das Emotionsbewusstsein gilt als Grundfähigkeit der emotionalen Kompetenz (Halberstadt, Denham & Dunsmore, 2013); schließlich geht es um eine erste Wahrnehmung und Einschätzung, z. B. ob ein Gefühl angenehm oder unangenehm ist. Eine genauere Analyse und die Interpretation dessen, was es eigentlich ist, das man wahrgenommen hat, folgen dann in einem weiteren Schritt. Hierfür ist das (2) Emotionsverständnis bzw. das Emotionswissen eine Schlüsselkompetenz. Damit ist gemeint, dass man eine Vorstellung davon hat, was eine Emotion ist, und auch, wie diese ausgedrückt werden kann (Southam-Gerow, 2013). Dazu gehört also, dass man benennen kann, wie man sich fühlt (z. B. „Ich bin traurig"), und Auslöser dafür kennt. Ebenso ist das Erkennen und Deuten des Emotionsausdrucks anderer Bestandteil des Emotionsverständnisses (z. B. „Mein Sitznachbar sitzt mit herabgelassenen Schultern da und schaut keinen an. Vielleicht ist er traurig?"). Mit dem Ausdruck von Gefühlen kann man Mitmenschen wichtige Botschaften senden und sich mitteilen. Nicht immer stimmen allerdings Emotion und Ausdruck überein, z. B. wenn Traurigkeit überspielt oder unterdrückt wird – das Differenzieren dieser beiden Aspekte zählt ebenfalls zum Emotionsverständnis. (3) Empathie ist die Fähigkeit, Gefühle anderer Menschen nachzuempfinden. Dabei lässt sich zwischen kognitiver Empathie, bei der die Perspektive des Gegenübers gedanklich erfasst und verstanden wird, und affektiver Empathie unterscheiden, bei der ein tiefgreifendes emotionales Verständnis stattfindet und Gefühle stellvertretend erlebt werden (Smith, 2006). Das Verstehen und Nachempfinden von Emotionen hilft uns, Reaktionen anderer Menschen in bestimmten Situationen zu verstehen. Empathiefähigkeit ist also für sozial und emotional kompetentes Handeln essenziell. Die (4) Emotionsregulation schließlich fasst die Fähigkeiten zusammen, auf die eigenen Gefühle Einfluss zu nehmen, d. h. sie zu verändern. Das kann durch kognitive Einflussnahme gelingen, indem bewusst bestimmte Gedanken aktiviert werden, oder auch durch konkrete Verhaltensweisen, indem beispielsweise bestimmte Situationen aufgesucht werden, die hilfreich sind. Die ersten drei Kompetenzen (Emotionsbewusstsein, Emotionsverständnis und Empathie) gelten als wichtige Voraussetzung für eine erfolgreiche Emotionsregulation (Petermann, Petermann & Nitkowski, 2016).

8.2 Förderung emotionaler Kompetenzen

Schülerinnen und Schüler in einer depressiven Episode nehmen ihr emotionales Erleben in der Regel sehr feinfühlig wahr. Diese Sensitivität sollte dementsprechend als Ressource betont und genutzt werden. Die Betroffenen haben oft eine negative Sicht auf sich selbst, die Umwelt und die Zukunft (siehe Kapitel 1.2). Stigmatisierungen und Vorurteile, die mit der Diagnose Depression einhergehen (z. B. dass Depressionen mit persönlicher Schwäche zusammenhängen), tun ihr Übriges, dass die Betroffenen sich hilflos in einem negativen Gefühlskreislauf wiederfinden (zu Stigmatisierungen siehe auch Kapitel 10.5). Die Perspektive der *kompetenten Schülerin* bzw. des *kompetenten Schülers* kann hier ein hilfreicher Ansatz sein und dazu beitragen, dass Schülerinnen und Schüler sich als wirksam und kompetent wahrnehmen. Nicht zuletzt fördert sie auch eine wertschätzende Haltung und ein auf Ressourcen fokussierendes Arbeiten. Gleichwohl fällt es den Betroffenen oft schwer, Auslöser für bestimmte Emotionen zu identifizieren und in den Entstehungsprozess von Emotionen bewusst und aktiv einzugreifen (d. h. Gefühle durch Verhalten oder Gedanken zu beeinflussen). Es gibt konkrete Programme und Methoden zur Förderung dieser emotionalen Kompetenzen, von denen Schülerinnen und Schüler mit Depressionen profitieren und von denen einige im Folgenden beschrieben werden.

8.2.1 Emotionstraining in der Schule

Das Emotionstraining in der Schule von Petermann, Petermann und Nitkowski (2016) ist ein fundiertes Programm, bei dem durch vielfältige Methoden die verschiedenen oben genannten Aspekte der emotionalen Kompetenz aufgegriffen und gefördert werden. Das Training ist als Präventionsprogramm konzipiert: Das Ziel ist es also, Kinder und Jugendliche in ihrer emotionalen Kompetenz zu stärken und frühzeitig Schutzfaktoren aufzubauen. Entsprechend ist das Emotionstraining bereits für Kinder im Alter von 10 bis 13 Jahren ausgelegt. Damit wird auch empirischen Befunden Rechnung getragen, nach denen Jugendliche im Alter zwischen 15 und 17 Jahren im Vergleich zu anderen Altersgruppen über die geringste Anzahl an Strategien verfügen, um Emotionen zu regulieren (Zimmermann & Iwanski, 2014).

Aufbau und Durchführung des Emotionstrainings

Das Training besteht aus 11 Sitzungen, die im Klassenverbund durchgeführt werden. Geleitet wird es von einer oder zwei Lehrkräften oder von ein oder zwei externen Personen. Wichtig ist, dass die Lehrperspektive, so gut es geht, verlassen wird. Die Schülerinnen und Schüler befinden sich während des Trainings nicht im Unterricht und sollen sich frei von Leistungen und Bewertungen zu ihren Emotionen äußern können. Die Voraussetzung dafür ist, dass sie sich in einem geschützten und vertrauensvollen Rahmen fühlen. Die Sitzungen, die für 90 Minuten ausgelegt sind, sollten wöchentlich stattfinden und beinhalten einen strukturierten Ablauf:

(1) Einführungsphase
In der Einführungsphase werden zum einen Inhalte aus vorangegangenen Sitzungen wiederholt. Zum anderen wird eine zehnminütige Tonübung mit den Teilnehmerinnen und Teilnehmern durchgeführt, die durch eine gezielte Aufmerksamkeitssteuerung auf das *Hier und Jetzt* die Achtsamkeit trainieren soll. Dadurch soll das Bewusstsein für eigene Emotionen gefördert und damit eine wichtige Voraussetzung für die Einflussnahme auf emotionale Regungen geschaffen werden (Dlugosch & Dahl, 2012; Flook, Goldberg, Pinger & Davidsen, 2015).
(2) Arbeitsphase
In der Arbeitsphase werden je nach Sitzung Themen der einzelnen Komponenten emotionaler Kompetenz bearbeitet (Emotionsbewusstsein - Sitzung 1 bis 11, Emotionsverständnis - Sitzung 1 bis 3, Empathie - Sitzung 3 - und Emotionsregulation - Sitzung 4 bis 11). Dazu bietet das Programm konkrete Übungen und Materialien.
(3) Reflexionsphase
In der Reflexionsphase werden Hausaufgaben besprochen und neue vergeben. Abschließend wird ein Gefühlsquiz gespielt, bei dem die Klasse in zwei Gruppen eingeteilt wird und das aus fünf Basisfragen besteht, die mit ja oder nein beantwortet werden (z. B. „Wenn jemand laut spricht, bedeutet das immer, dass er ärgerlich ist"), sowie zwei Masterfragen, die ausführlicher beantwortet werden (z. B. „Nennt zwei Merkmale, auf die man achten muss, wenn man *hören* möchte, wie sich jemand fühlt").

Zusammenfassend beinhaltet das Programm verschiedene didaktische Ansätze (Einzelarbeit, Gruppenarbeit, Hausaufgaben, Quiz) und verhaltenspsychologische Methoden.

8.2.2 Expressives und positives Schreiben

In Kapitel 3 wurde bereits das expressive Schreiben als Technik vorgestellt, um mit emotionalen Belastungen umzugehen (Pennebaker & Beall, 1986). Beim expressiven Schreiben werden zu einem bestimmten - meist selbstgewählten - belastenden Ereignis Gedanken und Gefühle aufgeschrieben. Die Teilnehmenden lassen ihren Gedanken und Gefühlen dabei freien Lauf und schreiben diese für etwa 20–25 Minuten möglichst ausführlich und detailreich auf. Es gibt also keine formalen Vorgaben, damit Schülerinnen und Schüler dazu angeregt werden, ihre ehrlichen Gedanken frei und ungehemmt aufzuschreiben. Es ist dabei der Schreibprozess an sich, der dazu führt, dass sich die Teilnehmenden öffnen und sich mit dem erlebten Ereignis und den damit zusammenhängenden Emotionen intensiv auseinandersetzen und diese z.T. neu verarbeiten (man kann also als Wirkmechanismen einerseits von einer emotionalen Exposition und andererseits von kognitiven Prozessen ausgehen; Baikie & Wilhelm, 2005; Sloan & Marx, 2004). Es gibt zahlreiche Studien, die positive Effekte des expressiven Schreibens auf die Gesundheit darlegen, und zwar einerseits auf objektiv erhobene Maße wie krankheitsbedingte Arztbesuche (King & Miner, 2000), Immunfunktionalität (Booth et al., 1997) und Blutdruck (Crow, 2000) und andererseits auf die von den Teilnehmenden subjektiv angegebene Gesundheit (z.B. Park & Blumberg, 2002). Auch auf emotionaler Ebene wirkt sich das expressive Schreiben positiv aus, beispielsweise hinsichtlich des psychischen Wohlbefindens generell (z.B. Park & Blumberg, 2002), aber auch in Bezug auf spezifisch depressive Symptome (z.B. Lepore, 1997).

Eine vom expressiven Schreiben zu differenzierende Variante der auf dem Schreibprozess basierenden Intervention stellt das positive Schreiben dar. Hierbei suchen sich Schülerinnen und Schüler gezielt positive Aspekte aus ihrem Leben heraus: Das können beispielsweise schöne Erlebnisse sein, persönliche Stärken, Dinge, für die man dankbar ist, oder Momente, in denen man sich gut fühlte. Die Gedanken dazu werden dann in freier Form aufgeschrieben. Burton und King (2004) konnten zeigen, dass auch durch das positive Schreiben depressive Symptome reduziert werden. Zudem führt das positive Schreiben zu weniger Unterdrückung im Emotionsausdruck und fördert eine Neubewertung von Erfahrungen (Reappraisal; Suhr, Risch & Wilz, 2017).

Die Techniken des expressiven und positiven Schreibens zeichnen sich durch eine extrem einfache Implementierung und Durchführung aus. Auch als Tagebuchform lässt sich expressives oder positives Schreiben umsetzen und so auch langfristig in den Alltag der Schülerinnen und Schüler integrieren.

8.2.3 Mood Monitoring

Mit dem Begriff *Mood Monitoring* ist das Erfassen von Stimmungen und Gefühlen gemeint. Das heißt, eine Person notiert in verschiedenen Situationen, wie sie sich fühlt. Auch entsprechende Kognitionen können notiert werden. Das Ziel des Mood Monitoring ist es, das Bewusstsein für eigene Empfindungen zu stärken und den Zusammenhang zwischen situativen Bedingungen und korrespondierenden Gefühlen zu erkennen. Wie ein Tagebuch werden die Notizen über einen längeren Zeitraum angefertigt, um zu identifizieren, wann man sich wie fühlt. Ist man sich seiner Emotionen und Gedanken in verschiedenen Situationen bewusst, können auch entsprechende Prozesse rund um die Regulation von Emotionen initiiert werden. Dabei können entweder die situativen Bedingungen verändert werden (z. B. sich mit Freunden verabreden, um nicht allein zu sein; problemorientiertes Coping) oder die Gedanken und Gefühle selbst hinterfragt bzw. angepasst werden (z. B. bei Schuldgefühlen Beweise für die Richtigkeit bzw. Widerlegbarkeit suchen; emotionsbezogenes Coping). Auf diese Weise kann Mood Monitoring dazu beitragen, Kompetenzen in den Bereichen Emotionsbewusstsein, Emotionsverständnis und Emotionsregulation zu fördern (Church, Hogan & Oliver, 2010; Gay, Pollak, Adams & Leonhard, 2011). Mittlerweile gibt es auch zahlreiche Anwendungen für Smartphones, die das Notieren in einem Notizbuch o. Ä. nicht mehr erforderlich machen. Diese Mood Monitoring oder Mood Tracking Apps bieten unterschiedliche Darstellungsformen (z. B. Emoticons, Begriffe oder freie Textfelder) und verschiedene Zusatzoptionen. So sind beispielsweise auch Apps verfügbar, die neben dem Erfassen von Stimmungen und Gedanken auch eine Reihe von Aktivitäten vorschlagen, um die Stimmung zu verbessern. Das Mood Monitoring per Smartphone-App hat den Vorteil, dass es einfach in den Alltag integrierbar ist und insbesondere Schülerinnen und Schüler im Jugendalter anspricht und motiviert.

8.2.4 Durchbrechen von Regelkreisläufen

Lehrkräfte sind im Schulalltag gefordert, ständig auf das Verhalten ihrer Schülerinnen und Schüler zu reagieren. Prozesse in der sozialen Informationsverarbeitung und damit auch das sozial-emotionale Erleben und Verhalten sind allerdings individuell sehr unterschiedlich. Damit ist eine schnelle und adäquate Reaktion seitens der Lehrkraft in der Unterrichtspraxis häufig ein anspruchsvolles Unterfangen. In solchen Situationen berufen wir uns in der Regel auf vergangene Erfahrungen und greifen auf Handlungsansätze zurück, mit denen wir bereits erfolgreich scheinbar vergleichbare Situationen gelöst haben (vgl. Bateson, 1972, 1979). Dieses naheliegende Vorgehen verhindert allerdings das Entwickeln neuer und gewinnbringender Ideen. Das mag in simplen Szenarien, die die Lehrkraft mühelos meistert, relativ problemlos erscheinen; in komplexen Situationen jedoch (z. B. wenn Schülerinnen und Schüler mit Depressionen im Unterricht weinen, gereizt reagieren oder sich zurückziehen) kann diese Methode der Lehrkraft im Wege stehen. Auch wenn sie nicht erfolgreich sind, greift die Lehrkraft immer wieder auf dieselben Strategien zurück und rückt das „Problemverhalten" und dessen Ursachen mehr und mehr in den Vordergrund, anstatt alternative Strategien zu entwickeln und auszuprobieren. So kann es letztlich zu einer problemorientierten Perspektive und einem Kreislauf rigider und am Ende verzweifelter Hilfeversuche führen.

Die Überzeugung, Ursachen für jedwedes Verhalten finden zu müssen, ist für die Lehrkraft also nicht immer ein hilfreicher Ansatz, um komplexe Situationen zu lösen. Vielmehr führt dies leicht dazu, dass man sich zu sehr auf problematisches Verhalten und kleinteilige Aspekte der Entstehung konzentriert und infolgedessen das Verhalten losgelöst von seinem Kontext betrachtet (vgl. Molnar & Lindquist, 2013). Schnell findet man sich dann im oben beschriebenen Kreislauf wieder. Es kann daher hilfreich sein, diesen Kreislauf bewusst zu durchbrechen, das eigene Vorgehen in Frage zu stellen und alternative Ideen und Thesen zu entwickeln und vor allem auch auszuprobieren. Eine Lehrkraft könnte beispielsweise den Versuch unterbinden, einen traurigen Schüler unmittelbar aufzumuntern, und stattdessen seine Traurigkeit zunächst einmal annehmen und ihm zuhören, ohne ihm direkt Vorschläge zur Aufheiterung anzubieten. Durch die volle Aufmerksamkeit auf den Schüler und das aktive und empathische Zuhören ändert sich auch oft die Perspektive: Nicht nur der Schüler fühlt sich verstanden, sondern auch die Lehrkraft entwickelt nunmehr das Gefühl, den Schüler zu verstehen. Dieser Prozess kommt der in der Psychotherapie vielfach eingesetzten Methode der sogenannten Validierung nahe, bei der Gedanken und Gefühle anerkannt und angenommen werden und erst in einem nächsten Schritt Alternativen entwickelt werden. Generell kann es also hilfreich sein, bestehende Reaktionsmuster zu durchbrechen, Perspektiven zu wechseln und neue Lösungswege auszuprobieren.

Wann immer Maßnahmen im Unterricht implementiert werden sollen, ist es zudem sinnvoll, die betroffenen Schülerinnen und Schüler einzubeziehen (d.h. nicht nur über, sondern *mit* den Schülerinnen und Schülern sprechen). Schließlich geht es darum, die Ressourcen der jeweiligen Schülerinnen und Schüler herauszuarbeiten und zu nutzen. Und diese Ressourcen kennen die Schülerinnen und Schüler selbst am besten. Sie werden sich auf diese Weise ernst genommen und kompetent fühlen.

Die Lehrkraft sollte sich also ermutigt fühlen, neue Wege des Umgangs auszuprobieren, dabei eine ressourcenorientierte Grundhaltung zu vertreten und die Schülerinnen und Schüler einzubeziehen.

Zusammenfassung

Mit dem Emotionstraining von Petermann, Petermann und Nitkowski (2016) steht Lehrkräften ein umfassendes Trainingsprogramm zur Förderung der emotionalen Kompetenzen ihrer Schülerinnen und Schüler zur Verfügung. In elf Sitzungen sollen dabei neben Strategien zur Emotionsregulation auch grundlegende Aspekte aus den Bereichen Emotionsbewusstsein, Emotionsverständnis und Empathie vermittelt werden.

Auch kleinere und einfache Techniken können eingesetzt werden und im Umgang mit dem emotionalen Erleben hilfreich sein. So ist das Aufschreiben von Gedanken – entweder in Form des expressiven oder des positiven Schreibens – eine simple, aber wirkungsvolle Methode, die Schülerinnen und Schülern Raum gibt, Gefühlen und Gedanken ungehemmt freien Lauf zu lassen. Auch das systematische Erfassen von Stimmungen zu bestimmten Tageszeiten, in spezifischen Situationen oder während bestimmter Tätigkeiten (z.B. Apps zum Mood Monitoring) kann Ansatzpunkte bieten, um Gefühle besser zu verstehen und zu beeinflussen. Grundsätzlich sollten Lehrkräfte sich dazu ermutigt fühlen, neue Wege des Umgangs auszuprobieren und Schülerinnen und Schüler dabei mit ihren individuellen Ressourcen einzubeziehen.

9 Suizidalität bei Depressionen

Psychische Störungen bei Schülerinnen oder Schülern gehen mit einem erhöhten Risiko eines Suizids einher (Kasper et al., 2006). Die überwältigende Mehrheit der Menschen, die durch einen Suizid aus dem Leben geschieden sind, litten unter einer diagnostizierbaren psychischen Erkrankung. Bridge, Goldstein und Brent (2006) quantifizieren diese Gruppe als mehr als 90 % der Betroffenen. Als Hauptrisiko gilt neben Substanzmissbrauch das Vorliegen einer Depression (National Institute of Mental Health (NIMH), 2012).

9.1 Begriffsbestimmung

Suizidversuchen gehen in den meisten Fällen *Suizidgedanken* voraus. Sie beinhalten die Vorstellung und den Wunsch, nicht mehr zu leben, und kreisen darum, wie es wäre, sich das Leben zu nehmen. Unter *suizidalem Verhalten* hingegen werden alle Aktivitäten zur tatsächlichen Vorbereitung eines Suizids oder eines Suizidversuchs verstanden sowie das Umsetzen eines Suizidversuchs oder das Begehen, d.h. Vollenden eines Suizids mit Todesfolge. Wichtig ist zu verstehen, dass sich auch in einem objektiv „ungeeigneten" Suizidversuch der starke Wunsch einer Schülerin oder eines Schülers ausdrücken kann, sich das Leben zu nehmen; die Ernsthaftigkeit muss jeweils individuell alters- bzw. intelligenzabhängig beurteilt werden (Becker et al., 2017).

Das Prozessmodell von Mann et al. (1999) versucht, die Entwicklung hin zum Suizid zu beschreiben. Innerhalb dieses Modells stellen vorhandene Depressivität, empfundene Hoffnungslosigkeit und nachfolgende Suizidgedanken einen Ausgangspunkt dar. Dem Modell folgend, ist die weitere Entwicklung gekennzeichnet durch Suizidpläne, wobei die dort konkreter erwogene Suizidmethode vielfach entscheidend für eine wirkliche Todesfolge des Suizidversuchs ist. Eine Reduktion der oft mit Depressionen verbundenen Antriebsschwäche und die individuelle Impulsivität und Aggression aufgrund von akuten Stressbelastungen stellen schließlich potenzielle

Auslösebedingungen dar, in deren Folge es zu einer suizidalen Handlung kommen kann.

9.2 Häufigkeit und Verlauf

In der Bundesrepublik Deutschland stehen Suizide bei Jugendlichen an zweiter Stelle der Prävalenzen von Todesursachen (Ellsäßer, 2017). Ihre Häufigkeit steigt im Verlauf der Jugendzeit an, sodass die meisten Suizide im Alter von etwa 18 bis 19 Jahren stattfinden, wenn viele Schülerinnen und Schüler die Schule also bereits verlassen haben. Obwohl Suizidversuche im Kindesalter als eher selten zu bezeichnen sind, steigt ihre Prävalenz in den letzten Jahren stetig an (Becker et al., 2017). Suizide sind bei jungen Männern insgesamt häufiger als bei jungen Frauen, Suizidversuche hingegen treten bei jungen Frauen öfter auf. Suizid durch Erhängen ist demnach in Deutschland bei Menschen im Alter von 15 bis 24 Jahren die Methode, die am häufigsten eingesetzt wird (Värnik et al. 2008), Sprung aus großer Höhe bzw. Tod durch dessen schwere körperliche Verletzungen steht an Rangplatz 2.

9.3 Risiko- und Schutzfaktoren und Warnhinweise von Suizidalität

Die diagnostische Abklärung des Zustands einer Schülerin oder eines Schülers hinsichtlich einer möglicherweise vorliegenden Suizidalität ist nicht die Aufgabe einer Lehrkraft. Dennoch werden hier einige Informationen bezüglich der potenziellen Risiko- und Schutzfaktoren und hinsichtlich möglicher Hinweise gegeben, die als Warnsignale verstanden werden müssen.

Als *mit der Person selbst verbundene* Risikofaktoren wurde bereits das Alter (15–20) und Geschlecht (männlich) benannt. Auch eine frühere psychiatrische Auffälligkeit (speziell bei einer psychotischen Erkrankung) und die bereits in Kapitel 2 ausführlich dargestellten Symptomfelder einer Depression müssen als Risiken eingestuft werden. Schlafstörungen, die akut als sehr belastend erlebt werden können, und besondere gesundheitliche Belastungen, wie eine chronische Erkrankung und Schmerzen, gehören explizit auch hierzu. Ein Personenkreis, der bereits früher Suizidversuche begangen hat, sollte zudem prinzipiell aufmerksamer begleitet werden.

Als *sozialer* Risikofaktor wirkt zudem eine allgemein als belastend erlebte familiäre Situation. Ein geringer familiärer Zusammenhalt stellt diesbezüglich eine chronische (Strunk, King, Vidourek & Sorter, 2014), Misshandlung und sexuelle Misshandlung eine akute Belastung dar. Suizidversuche anderer, die innerhalb der Familie oder im Freundeskreis stattgefunden haben, beinhalten darüber hinaus das Risiko eines Nachahmungsverhaltens mit dem Ziel der Selbsttötung. Eine fehlende oder mangelnde soziale Vernetzung und Vereinsamung kann zusätzlich verstärkend wirken.

Der Mythos, dass Menschen, die ihre Suizidgedanken äußern, nicht gefährdet seien, trifft absolut nicht zu. Das Sprechen über die eigenen Suizidgedanken und konkrete Suizidpläne sind alarmierende Hinweise (DGKJP, 2016). Letztere erfordern sogar eine umgehende psychiatrische Abklärung. Eine Reihe anderer verhaltensbezogener Warnsignale lassen sich identifizieren (King, 2006). Als solche gelten:

- Auffällige Verhaltensänderungen, wie eine Beschäftigung mit dem Tod.
- Das Regeln der persönlichen Angelegenheiten oder das Verschenken des Eigentums.
- Ein verändertes Sozialverhalten – dieses kann darin bestehen, dass sich die Person stark zurückzieht, bei Schülerinnen und Schülern nicht selten einhergehend mit andauernder Schulverweigerung, nachfolgend verminderten schulischen Leistungen, manchmal auch mit aggressiven Tendenzen und Gereiztheit gegenüber Hilfsangeboten.
- Aufmerksam machen sollte auch die Häufung von Unfällen und ein persönlicher Zugang zu Suizidmethoden (z. B. Waffen, Medikamente).
- Gedankliche und emotionale Einengung, Hoffnungslosigkeit und ein stark reduzierter Selbstwert sind Merkmale des sogenannten präsuizidalen Syndroms (Ringel, 1989), das ebenso einer umgehenden psychiatrischen Abklärung bedarf.
- Menschen in besonders belastenden Lebenssituationen, wie sie z. B. bei einer Trennung, Scheidung, dem Tod einer nahestehenden Person und bei traumatisierenden Erfahrungen eintreten können, sind ebenso gefährdet.

Bezüglich des letztgenannten Punkts ist die Verfügbarkeit von personalen und sozialen Schutzfaktoren besonders bedeutsam. Hierzu gehören verlässliche familiäre Bindungen zu den eigenen Eltern, auch die Verantwortung gegenüber anderen nahestehenden Menschen. In eigenen Stärken und Ressourcen, die in Krisenzeiten Halt und Sinn vermitteln, ebenso wie in religiösen Überzeugungen können wichtige personale Schutzfaktoren liegen. Menschen, die aufgrund ihrer Konstitution besonders resilient gegenüber körperlichen oder auch psychischen Schmerzen sind, erleben belastende Erfahrungen zudem weniger dramatisch.

9.4 Suizidprävention im schulischen Umfeld

Bevor hier überblickshaft auf Möglichkeiten zur schulbasierten Suizidprävention eingegangen wird, muss zunächst betont werden, dass Suizide nicht in allen Fällen verhindert werden können. Allerdings kann im schulischen Umfeld pädagogische Prävention durchgeführt werden, deren Wirkung in verschiedenen Evaluationsstudien belegt werden konnte (Plöderl, Fartacek & Fartacek, 2010). Mehr noch, Schule bietet als Ort und Institution die Möglichkeit einer effektiven und vergleichsweise kostengünstigen Suizidprävention (Shaffer & Gould, 2000).

Solche schulbasierten Programme zur Suizidprävention beziehen sich neben dem Erkennen von Hinweisen und dem Identifizieren Betroffener zumeist auf eine universelle Psychoedukation von Schülerinnen und Schülern und auf eine Qualifikation von anderen beteiligten Personengruppen.

9.4.1 Psychoedukation für Schülerinnen und Schüler

Gut gemeinte, aber fachlich wenig fundierte Kommunikation mit Schülerinnen oder Schülern über das Thema Suizid kann unerwünschte Effekte haben. Auch singuläre psychoedukative Maßnahmen sind wenig wirksam, und eine Gefahr der Verstärkung einer vorhandenen Suizidalität besteht dann sogar, wenn bspw. im Kontext einer unreflektierten Literaturbesprechung Suizidversuche relativiert oder Suizide implizit verherrlicht werden. Insofern muss immer Wert gelegt werden darauf, dass im Rahmen einer psychoedukativen Veranstaltung für Schülerinnen und Schüler Suizide nicht heroisiert, sondern in Zusammenhang mit einer Depression verstanden werden – Depressionsprävention ist gleichzeitig als Suizidprävention zu verstehen, eine Entstehung von Mythen und falschen Vorstellungen, was die Einordnung von Suizidalität anbelangt, muss unbedingt vermieden werden. Suizidalität soll als Ausdruck einer psychischen Krisensituation und niemals als Lösung oder Ausweg, ein Suizidversuch nicht als wünschenswertes Ziel verstanden werden.

Im Rahmen der Suizidpräventionsprogramme *Signs of suicide* (Schilling, Aseltine & James, 2016) und *Lebenswert* (Plöderl, Fartacek & Fartacek, 2010) wird dies umgesetzt; Depressionssymptome werden als erste Anzeichen von Suizidalität eingeordnet, die erkannt und behandelt werden müssen. Beide Programme fördern das Wissen und eine angemessene Einstellung gegenüber Suiziden. Teilnehmende lernen Warnhinweise kennen, sich um Betroffene zu kümmern und sich an einen kompetenten Erwachsenen zu wenden. Beide Programme scheinen allerdings auch daran zu scheitern die Bereitschaft bei teilnehmenden Schülerinnen und Schüler zu fördern, in Krisenzeiten Hilfe aktiv aufzusuchen und anzunehmen. Hier haben sich Strategien zur Qualifikation anderer beteiligter Personengruppen bewährt.

9.4.2 Qualifikation beteiligter Personengruppen

Diese so genannten *Gatekeeper-Programme,* bei denen eine Qualifikation beteiligter Personengruppen stattfindet, erfahren eine größere Akzeptanz bei Jugendlichen. Dabei werden solche Menschen, die mit Jugendlichen im Alltag immer wieder in Kontakt stehen, in relevanten Bereichen gezielt qualifiziert. Lehrkräfte, Hausmeister, Eltern, Jugendbetreuer und andere Personengruppen erhalten dort Grundlagenwissen zur Suizidalität, wie bspw. Hinweise auf Suizidgefährdungen bei Schülerinnen und Schülern und zu wirksamen Hilfsangeboten für Betroffene. Sie lernen, Jugendliche aktiv anzusprechen, wenn ihnen dies erforderlich erscheint, und Schülerinnen und Schülern das Aufsuchen von professioneller Hilfe ans Herz zu legen. Sie werden informiert über kompetente Ansprechpartner in Institutionen, die für einen Umgang mit Suizidalität spezialisiert sind. Erforderlich ist es auch, dass in dieser Zielgruppe vorhandene Suizidmythen reduziert werden und Kompetenzen erworben werden, sich gegenüber den Jugendlichen so zu verhalten, dass dabei ein tragfähiger Kontakt entsteht, der die Wahrscheinlichkeit erhöht, dass Hilfe angenommen wird. Auch ein adäquater Umgang mit Suizidversuchen bei Schülerinnen und Schülern wird erlernt. Diese Programme sind deshalb von einer großen Bedeutung, weil die eben dargestellten Kompetenzen bei Personen, die in einem natürlichen Kontakt zu Jugendlichen stehen, häufig nicht vorhanden sind.

9.4.3 Handeln im Verdachtsfall

Lehrkräfte sind aufgrund ihrer Tätigkeit vielfach in der Situation, bei einer Schülerin oder einem Schüler eine krisenhafte Veränderung der Lebenssituation zu erahnen. Dass durch ein sich hierauf bezogenes, angemessenes Gesprächsangebot bzw. Gespräch das Risiko eines Suizids verursacht oder verstärkt wird, gehört zu den Mythen, die sich hartnäckig um dieses Thema halten. Kontakt- und Gesprächsangebote werden sehr oft dankbar angenommen, wenn die Qualität des Kontakts stimmt, und sie können existenziell wichtig sein, wenn sich dadurch eine Klärung der Situation und Gefährdung ergibt. Umso wichtiger ist es, dass keine falschen Versprechungen gemacht werden, wie bspw. „das bleibt in jedem Fall unter uns".

Für die Gestaltung einer adäquaten Gesprächssituation ist es wichtig, dass beide Gesprächspartner die nötige Zeit haben und ein Ort zur Verfügung steht, an dem ein vertrauensvolles Gespräch unter vier Augen gelingen kann. Nimmt die Schülerin/der Schüler das Gesprächsangebot der Lehrkraft an, sollte dieses Vertrauen dadurch gerechtfertigt werden, dass den geäußerten Gedanken und Empfindungen mit Respekt und Empathie und ohne Bewertung oder Ablehnung begegnet wird (Wewetzer & Quaschner, 2019, S. 26). Die Lehrkraft sollte versuchen, die Lebenssituation zu verstehen, und Verständnis für die emotionale Lage äußern. Schnelle Tipps, Instruktionen oder Lebensweisheiten sind dabei wenig hilfreich.

Ein solches Gespräch sollte einerseits dazu genutzt werden, einige wichtige Fragen zu stellen, und andererseits Informationen zu geben. Hierzu gehören zunächst die Gründe für die psychische Belastung bzw. aktuelle Stressoren. Falls sich dabei Hinweise auf eine Gefährdung ergeben, sollte das Thema Suizid unmittelbar angesprochen werden. Erfragt werden sollten Suizidgedanken, mögliche Suizidplanung und suizidales Handeln, um die Dringlichkeit eines nachfolgenden Handelns zu klären. Es sollte auch immer Bestandteil eines solchen Gesprächs sein, Ressourcen zu benennen. Hierzu gehören insbesondere vorhandene tragfähige Beziehungen (Freude, Familie etc.) und die Möglichkeit, professionelle Hilfe in Anspruch zu nehmen, und die Perspektive einer positiven Entwicklung.

Ein uneindeutiges Ende des Gesprächs, bspw. wenn sich eine Inkongruenz zwischen dem verbalen Ausdruck (*„Nein, alles gut“*) und der offensichtlichen Körpersprache (Mimik/Gestik) zeigt, sollte durch Nachfragen und Konfrontation zu einem Ergebnis gebracht werden.

Das vermutete akute Vorliegen von Suizidalität bzw. befürchtetes selbstgefährdendes Verhalten erfordert zwingend eine psychiatrische Abklärung und ggf. eine stationäre psychiatrische Behandlung. Eine solche Initiative sollte immer in enger Kooperation mit den Eltern erfolgen (Kapitel 10). In den Leitlinien der Deutschen Gesellschaft für Kinder- und Jugendpsychiatrie, Psychosomatik und Psychotherapie (DGKJP, 2016) wird dieser Prozess explizit so dargestellt:

> „Sind die Eltern kooperativ und sehen die dringende Behandlungsbedürftigkeit ihres suizidalen Kindes, welches nicht mit der Unterbringung einverstanden ist, ein, können sie nach § 1631b BGB einen Antrag beim Familiengericht stellen. In der Akutsituation geht dies auch direkt aus der Klinik. Der Antrag muss von den Sorgeberechtigten gestellt werden, der Behandelnde kann eine kurze schriftliche Stellungnahme verfassen. Bis zum Eintreffen der richterlichen Genehmigung ist die Anwendung von Zwang zulässig, wenn sonst mit ihrem Aufschub Gefahr für den Patienten verbunden wäre (S. 30)“.

Für den Fall, dass dies trotz einer vermuteten Gefährdung des Kindeswohls nicht im Einvernehmen mit den Eltern realisiert werden kann, ist nach § 42 des Kinder- und Jugendhilfegesetzes unter Einbezug des Jugendamts eine Inobhutnahme in eine Fachklinik erforderlich.

Ein sofortiges Handeln in Form einer psychiatrischen Abklärung muss also erfolgen, wenn eine Schülerin oder ein Schüler äußert, nicht mehr leben zu wollen, einen Suizidplan berichtet und die Symptome einer Depression zeigt. Schulleitungen sollten für den Fall eines angekündigten Suizids proaktiv, aktualisiert und griffbereit über einige Informationen bzw. Materialien verfügen. Hierzu gehören in diesem Fall die Kontaktdaten (Telefonnummern, E-Mail-Adresse) insbesondere der Eltern, einer Kinder- und Jugendpsychiatrie und des allgemeinen Sozialen Diensts sowie die Check-Liste zum Vorgehen, in der die Aufgabenbereiche der Beteiligten festgelegt werden. Für den Fall einer akuten Suizidankündigung darf die Schülerin/der Schüler keinesfalls allein bleiben, sollte zumindest kurzfristig keinen Kontakt zu Gleichaltrigen haben, und die Polizei muss kontaktiert werden. Die Eltern müssen durch unmittelbare Kontaktaufnahme hinzugezogen werden, vorausgesetzt, hierdurch entsteht keine weitere Gefährdung. Auch wenn ein Kind oder eine Jugendliche bzw. ein Jugendlicher sich nicht klar äußern kann und einen Suizid nicht ausschließt, ist eine fachärztliche Abklärung erforderlich. Dass möglicherweise eine Fehleinschätzung vorliegt, muss in diesem Fall leider in Kauf genommen werden.

9.4.4 Postvention

Im Fall eines dennoch erfolgten Suizids einer Schülerin oder eines Schülers sind die involvierten Lehrkräfte und nahestehenden Jugendlichen in einer besonderen Weise betroffen und benötigen eine intensive ggf. psychologische Unterstützung. Diese sollte durch die Schule in Kooperation mit dem schulpsychologischen Dienst initiiert und verlässlich für Lehrkräfte und Schülerinnen und Schüler sichergestellt werden.

In der weiteren Entwicklung der Trauerunterstützung innerhalb eines Klassenverbands muss durch eine psychoedukative Unterstützung verhindert werden, dass sich Fehlannahmen festsetzen und nachträglich eine Heroisierung (*„Der hat's geschafft"*) des erfolgten Suizids entsteht.

9.5 Außerschulische Hilfsangebote

Eine Onlinesuche nach gemeindenahen Beratungsstellen, bei der insgesamt mehr als 12.000 Angebote zur Verfügung stehen, bietet die Deutsche

Arbeitsgemeinschaft für Jugend- und Eheberatung (DAJEB). Sie können zur jeweiligen Postleitzahl unter „Krisenintervention" abgerufen werden (www.DAJEB.de).

- Hier werden dann bspw. die *sozialpsychiatrischen Dienste* einer Kommune genannt, deren Aufgabe u.a. darin besteht, bei einer krisenhaften Zuspitzung der Situation Beratung und Vermittlung anzubieten. Eine Anschrift und Telefonnummer des zuständigen sozialpsychiatrischen Diensts erhält man auch bei der jeweiligen Stadt- oder Gemeindeverwaltung.
- Vielerorts bieten *kommunale Beratungsstellen, Erziehungs- und Familienberatungsstellen* zumeist ortsnah Hilfen für Kinder, Jugendliche und Eltern in Notlagen an. Diese können auch unmittelbar angesprochen werden.
- Für den Fall, dass eine stationäre Unterbringung erforderlich ist, sind alle *Kinder- und Jugendpsychiatrischen Kliniken* qualifiziert, hier eine entsprechende Versorgung zu ermöglichen.
- Mit deutschlandweit mehr als 100 an 24 Stunden täglich anonym erreichbaren Telefonseelsorgestellen leistet die *Telefonseelsorge* unter den standortunabhängigen und kostenlosen Telefonnummern 0800-1110111 oder 0800-1110222 einen sehr wichtigen Beitrag für Menschen in existenziellen Krisen. Hier erhalten schwer psychisch belastete Menschen Anteilnahme und Informationen zu regionalen Ansprechpartnern.
- Die *Nummer gegen Kummer* bietet Kindern und Jugendlichen ein spezialisiertes Angebot unter 0800-111 0 333.
- Eine *Onlineberatung* für suizidale Kinder, Jugendliche und junge Erwachsene bis 25 Jahre bietet Neuhland (https://www.neuhland.net/startseite.html) als ein Zusammenschluss von ambulanten und stationären Einrichtungen zur Beratung und Versorgung von jungen Menschen in Krisen und bei psychischen Belastungen und für die Gruppe der Angehörigen.
- Neuhland stellt zudem einen *Chat für Suizidgefährdete* zur Verfügung (https://www.das-beratungsnetz.de/).
- Eine bundesweite *Selbsthilfeorganisation* für Trauernde ist AGUS (Angehörige um Suizid e.V., www.agus-selbsthilfe.de). AGUS ist europaweit tätig und eine erfahrene Institution mit dem Ziel der Unterstützung von Menschen, die Angehörige durch Suizid verloren haben.

Zu den besonders wichtigen pädagogischen Aufgaben gehört es, in der Zusammenarbeit innerhalb der Institution Schule und mit externen Institutionen und Personen, insbesondere auch den Eltern, vertrauensvoll und professionell zu kooperieren. Mit den wichtigsten Fragen zu einer solchen Vernetzung wird sich das letzte Kapitel beschäftigen.

Zusammenfassung

Das Vorliegen einer Depression ist ein Risikofaktor für Suizidalität. Suizidversuchen gehen in den meisten Fällen Suizidgedanken voraus. Andere psychiatrische Auffälligkeiten, gesundheitliche Belastungen, frühere Suizidversuche und eine als belastend erlebte familiäre Situation sind weitere Risikofaktoren. Als verhaltensbezogene Warnsignale gelten Verhaltensänderungen, insbesondere sozialer Rückzug, Leistungsabfälle, aggressive Tendenzen, eine Häufung von Unfällen, empfundene Hoffnungslosigkeit und eine besonders belastende Lebenssituation. Schulische Präventionsprogramme haben zum Ziel, dass jugendliche Suizidalität als Ausdruck einer psychischen Krisensituation und niemals als Lösung oder Ausweg, ein Suizidversuch nicht als wünschenswertes Ziel verstanden wird. Gatekeeper-Programme, bei denen eine Qualifikation beteiligter Personengruppen stattfindet, haben sich ebenso bewährt. In der Gestaltung einer adäquaten Gesprächssituation ist es wichtig, die nötige Zeit zu haben und dass ein Ort zur Verfügung steht, an dem ein vertrauensvolles Gespräch unter vier Augen gelingen kann. Die Lehrkraft sollte versuchen, die Lebenssituation zu verstehen und Verständnis für die emotionale Lage äußern. Das vermutete akute Vorliegen von Suizidalität bzw. befürchtetes selbstgefährdendes Verhalten erfordert zwingend eine psychiatrische Abklärung. Ein sofortiges Handeln in Form einer psychiatrischen Abklärung muss also erfolgen, wenn eine Schülerin oder ein Schüler äußert, nicht mehr leben zu wollen. Im Fall eines erfolgten Suizids sind die involvierten Lehrkräfte und nahestehenden Jugendlichen in einer besonderen Weise betroffen und benötigen eine intensive ggf. psychologische Unterstützung. Außerschulische Hilfsangebote werden dargestellt.

10 Kooperation und Kommunikation innerhalb und außerhalb des Schulumfelds

Zu den pädagogischen Aufgaben gehört es, bei einem Verdacht auf eine depressive Entwicklung einer Schülerin oder eines Schülers in der Kooperation innerhalb der Schule und mit externen Institutionen und Personen, insbesondere den Eltern, vertrauensvoll und professionell zu handeln. Das Stärken eines Helfersystems im Umfeld einer betroffenen Person kann eine wichtige Unterstützung in der Bewältigung belastender depressiver Episoden darstellen. Mit den wichtigsten Fragen zu einer solchen Zusammenarbeit wird sich das folgende Kapitel beschäftigen.

10.1 Kommunikation

Damit Kooperation gelingt, sollte, unter Wahrung der wichtigen individuellen Persönlichkeitsrechte, die Möglichkeit zur Kommunikation zwischen den beteiligten Personengruppen erleichtert werden. Denn prinzipiell sind alle persönlichen Informationen vertraulich, und Lehrkräfte unterliegen hierbei der Schweigepflicht. Insofern ist bspw. für eine Kommunikation zwischen einer Lehrkraft und einer Kindertherapeutin bzw. einem Kindertherapeuten für beide Seiten eine schriftliche Entbindung von der Schweigepflicht bei den Erziehungsberechtigten einzuholen.

Eine Schweigepflichtsentbindung beinhaltet

- den Namen, die Anschrift und das Geburtsdatum der entbindenden Person (Eltern Minderjähriger) sowie
- den Namen, die Anschrift der von der Schweigepflicht entbundenen Person und
- den Namen, die Anschrift der Person, mit der ein Austausch stattfinden darf.

Die Inhalte einer solchen Entbindung sollten in der Regel benannt werden (bspw. „bezüglich therapeutisch relevanter Fragen“) und zeitlich befristet sein; ein Hinweis auf deren Widerrufbarkeit sollte ebenso gegeben werden. Die Schweigepflichtsentbindung muss mit Ort, Datum und Unterschrift autorisiert werden.

Eine Weitergabe von fachlich relevanten Informationen innerhalb des beteiligten Lehrkräftekollegiums ist ohne explizite Schweigepflichtsentbindung möglich. Die Schulleitung muss aber erst informiert werden, dass akute Gefährdungen vorliegen, damit tritt eine Offenbarungspflicht ein, die angemessenes Handeln erst ermöglicht. Werden Lehrkräften Informationen bekannt, die auf eine depressive Entwicklung hindeuten, so gelten im Übrigen die besonderen Informationsansprüche der Familie, die sich aus Artikel 6 (2) des Grundgesetzes ableiten: „Pflege und Erziehung der Kinder sind das natürliche Recht der Eltern und die zuvörderst ihnen obliegende Pflicht. Über ihre Betätigung wacht die staatliche Gemeinschaft.“ Dies zu beachten, ist besonders bei Eltern von jüngeren Kindern von großer Bedeutung. Die Weitergabe von Informationen an ihre Eltern sollte im Gespräch mit Betroffenen selbstverständlich vorab erklärt und angekündigt werden.

10.2 Eltern und Familien

Eltern und Familien leiden zumeist mit den betroffenen Kindern oder Jugendlichen (vgl. Nevermann & Reicher, 2009). Sie erleben möglicherweise Phasen mit erheblichen Schlafstörungen ihrer Kinder, Zeiten, in denen diese traurig, deprimiert oder verzweifelt sind, und vielleicht solche, in denen sie gereizt sind, unverschämt und aggressiv handeln. Eltern empfinden häufig auch Schuld oder Scham, wenn ihr Kind mit Depressionssymptomen auffällig wird. Leider findet nicht immer eine zügige kinderärztliche Abklärung statt, in manchen Fällen führen zudem Fehldiagnosen dazu, dass angemessene therapeutische Behandlungen lange Zeit ausbleiben.

Gegenüber Lehrkräften, deren Rollendefinition aus Elternsicht häufig nicht die eines einschlägig qualifizierten Ansprechpartners umfasst, wird hierzu selten aktiv der Kontakt gesucht. Wenn Lehrkräfte Symptome beobachten, die Hinweise auf eine depressive Episode sein können, sollten diese daher selbst die Initiative ergreifen und ein Gesprächsangebot an die Eltern aussprechen. Hinweise können insbesondere auffällige Traurigkeit, Gereiztheit, Interesselosigkeit, Antriebslosigkeit, Verzweiflung, Konzentrationsprobleme, innere Unruhe, Schlafstörungen, Essstörungen, negative Gedanken (Pessimismus, Selbstzweifel), Mut- oder Hoffnungslosigkeit oder Grübeln sein (vgl. Kapitel 1). Die Schülerin bzw. der Schüler sollte dann über ein Gesprächsangebot an die Eltern informiert, bei Jugendlichen sollte eine Gesprächsteilnahme ermöglicht werden.

Die spezifische Gestaltung des Familiengesprächs sollte sich zunächst auf die beobachteten Hinweise im Verhalten des Schülers/der Schülerin beziehen und dabei an einigen wesentlichen Grundsätzen orientieren, die hier kurz zusammengefasst werden.

- Im Gespräch sollte das gemeinsame Interesse von Eltern und Lehrkräften am Wohlergehen des Kindes oder Jugendlichen betont werden. Der Kontakt ist durch positive und sachlich begründete Argumente der Lehrkräfte geprägt (Ministry for Education. British Columbia, 2001), die Pflege des Kontakts zwischen Eltern und Schule durch Verlässlichkeit, Transparenz und eine verbindliche Terminplanung.
- Nicht immer erleben Schulen, dass Eltern die Bedeutung einer Kooperation zwischen Elternhaus und Schule sofort erkennen. Daher empfiehlt es sich, gegenüber den Eltern deutlich zu machen, worin der Nutzen einer funktionierenden Kommunikation für beide Seiten besteht. Hierzu gehört die Möglichkeit, schulische Belastungen zu reduzieren, wenn sich hierdurch insgesamt eine Erleichterung für die Schülerin bzw. den Schüler und die Familie ergeben kann, die Möglichkeit, sich wechselseitig über aktuelle Veränderungen zu informieren, und das koordinierte Vorbereiten auf besondere schulische Anforderungen bzw. private Belastungen.
- Alle Seiten profitieren davon, wenn Eltern über ein grundlegendes Verständnis und Wissen zum Störungsbild verfügen. Lehrkräfte können hier durch ihr eigenes Fachwissen und durch die Weitergabe von Informationsmaterialien, bspw. des Ratgebers Traurigkeit, Rückzug, Depression: Informationen für Betroffene, Eltern, Lehrer und Erzieher (Groen et al., 2012) oder Internetquellen unterstützen wie z. B. https://www.deutsche-depressionshilfe.de. Wichtige Inhalte von psychoedukativen Informationen beziehen sich auf die Entstehungsbedingungen, die Symptombereiche und den Verlauf, die Wirksamkeit von Psychotherapie, eine mögliche Reduktion von Stressoren und regionale externe Ansprechpartner/innen. Manche Eltern profitieren von Hinweisen zur Entwicklung einer unterstützenden Eltern-Kind-Interaktion und eines gemeinsamen familiären Alltags wie z. B. altersangemessene Anforderungen zu stellen und perfektionistische Ansprüche zu minimieren (Lohaus, et al. 2007), erfolgversprechende gemeinsame Aktivitäten zu pflegen oder als ein positives Modell für konstruktive und lösungsorientierte Gedanken zu wirken (Castello, 2017, S. 53).
- Die nötigen Voraussetzungen für einen Informationsaustausch zwischen allen Beteiligten sollten erläutert werden. Eine *Einverständniserklärung* zur erleichterten Kommunikation mit einer/einem beteiligten externen Psychotherapeutin bzw. -therapeuten sollte besprochen werden.

Der eigentliche Ablauf des Gesprächs kann bspw. so gestaltet werden:

- Nach der Begrüßung wird der Gesprächsrahmen, d.h. die veranschlagte Dauer und der Ablauf durch die Lehrkraft kurz benannt.
- Danach beschreibt die Lehrkraft den konkreten Gesprächsanlass, bspw. ihre Beobachtungen oder Erkenntnisse bezüglich der oben dargestellten möglichen Symptombereiche.
- Die Eltern und ggf. die Schülerin/der Schüler erhalten nachfolgend Gelegenheit zu erläutern, wie sie die dargestellten Beobachtungen einschätzen.
- Es werden mögliche Unterschiede benannt und die aus Sicht der Eltern, des Schülers/der Schülerin und der Lehrkraft sinnvollen oder auch notwendigen nächsten Schritte diskutiert - bspw. Entlastung im Unterricht oder Unterstützung in der Suche psychotherapeutischer Versorgung.
- Eine verbindliche Vereinbarung wird formuliert, in der Regel mit einer zeitlichen Konkretisierung.
- Das Gespräch sollte die Lehrkraft in Form eines fachlichen Protokolls dokumentieren.

Dieser Gesprächsablauf geht davon aus, dass die Eltern einen Gesprächstermin wahrnehmen, im Gespräch selbst kooperativ handeln und dass es gelingt, eine gemeinsame Vereinbarung zu schließen, die durch die Beteiligten nachfolgend umgesetzt wird.

Für den Fall, dass Gesprächsangebote durch die Eltern konsequent nicht angenommen werden, die beobachteten Hinweise auf eine depressive Symptomatik aber bestehen bleiben und keine anderweitige Intervention erfolgt, sollte in Absprache mit der Schulleitung eine Abklärung erfolgen, ob der Verdacht einer Gefährdung des Kindeswohls besteht. Dies kann u.a. mit der Einschätzskala Kindeswohlgefährdung für Kinder im Schulalter (KiWo-Skala Schulkind; Bensel et al., 2015) umgesetzt werden. Sie ist als eine Entscheidungshilfe zu verstehen, ob die beobachtbaren Merkmale eine Kindeswohlgefährdung vermuten lassen. Dies geschieht durch eine strukturierte gegenwartsbezogene Beurteilung der Erfüllung kindlicher Bedürfnisse bzw. kindlicher Auffälligkeiten, wobei zwei beteiligte Personen unabhängig voneinander eine Kiwo-Einschätzung vornehmen sollten. Die Auswertung der KiWo-Skala Schulkind ermöglicht eine Einstufung der Gefährdungsvermutung in „nicht vorhanden", „gering", „mittel" oder „hoch". Die KiWo-Skala Schulkind stellt zwar keine Kindeswohlgefährdung im juristischen Sinn fest, kann aber zur Dokumentation und als Orientierungshilfe für weitere Schritte sehr hilfreich sein.

10.3 Kooperation innerhalb des Schulbetriebs

Die Professionalisierung des Umgangs mit verschiedenen psychischen Auffälligkeiten an Schulen erfordert zunächst eine Bestandsaufnahme bezüglich der verfügbaren Qualifikation und, falls nötig, eine Initiative der Schulleitung für eine Fortbildung des Kollegiums. Dabei sollten Beratungslehrkräfte vertiefte Kompetenzen erwerben, aber auch grundlegendes Wissen für alle Mitglieder eines Schulkollegiums sollte vermittelt werden. Auf die Notwendigkeit zur Aktualisierung und internen Weitergabe ihres Wissens sollten Beratungslehrkräfte regelmäßig hinweisen.

Im Rahmen einer solchen Qualitätsentwicklung sollten Handlungsroutinen abgesprochen werden, bspw. wie in welchen Fällen gehandelt werden soll und welche Verantwortlichkeiten bspw. für eine Initiative gegenüber Eltern im Schulalltag gelten. Dabei sind auch Kommunikationswege zu klären, sodass dauerhaft ein Monitoring von Veränderungen, Auffälligkeiten oder Belastungen innerhalb der Schülerschaft erfolgt und zwischen den beteiligten Lehrkräften kommuniziert wird. Auch pädagogische Interventionen müssen selbstverständlich allen beteiligten Kolleginnen und Kollegen gegenüber benannt werden, da sonst ein abgestimmtes Handeln nicht erreichbar ist.

10.4 Kooperation mit externen Beteiligten

Für die Kooperation mit beteiligten externen Stellen, wie z. B. Kinder- und Jugendlichenpsychotherapeutinnen und -therapeuten, involvierten Mitarbeiterinnen und Mitarbeitern einer Erziehungsberatungsstelle oder der Kinder- und Jugendpsychiatrie, gilt ebenso, dass kontextübergreifendes Handeln nur durch einen Austausch an Informationen erreichbar ist. Wenn im Rahmen einer Psychotherapie der möglicherweise als sehr belastend empfundene Umgang mit Feedbacks thematisiert wird, so kann im Gespräch zwischen Schule und Therapie eine gezielte Vorbereitung, Begleitung und zuverlässige Erfolgskontrolle ermöglicht werden. Das Übungsterrain einer Schule kann therapeutisch von hohem Nutzen sein, ebenso eine koordinierte Unterstützung in Belastungsphasen und allmähliche Reduktion des Nachteilsausgleichs, wenn dies angezeigt ist. All dies kann nur durch die Möglichkeit zum interdisziplinären Austausch realisiert werden.

Ein sinnvolles Format kann zusätzlich in turnusmäßigen Round-Table-Gesprächen bestehen. Dort sollten die wichtigen Beteiligten (Kinder/Jugendliche, Eltern, Psychotherapeutinnen und -therapeuten, Kinderärzte und Lehrkräfte) gemeinsam die Entwicklung, Intervention und deren Erfolg besprechen, mögliche Unterschiede diskutieren und ihr Handeln untereinander abstimmen. Ein solcher Round-Table könnte sich an dem Format eines Hilfeplangesprächs gemäß § 36 des Kinder- und Jugendhilfegesetzes orientieren, wobei ein abgestimmtes Handeln nicht notwendigerweise die persönliche Anwesenheit erfordert, sondern auch mit Hilfe einer sicheren elektronischen Plattform umsetzbar wäre. Denn erst mit einem koordinierten und kontextübergreifenden Handeln können wirksame und nachhaltige pädagogische und psychologische Interventionen erfolgreich sein.

10.5 Umgang mit Stigmatisierung

Bei der Kommunikation rund um das Thema Depression sollten sich Fachkräfte bewusst sein, dass mit der Diagnose Depression wie bei vielen psychischen Erkrankungen häufig Stigmatisierungen verbunden sind. Zum Teil immer noch festzustellende stereotype Annahmen und Vorurteile (z. B. dass eine depressive Episode auf mangelnde Willenskraft oder persönliche Schwäche zurückzuführen sei) sind äußerst problematisch, weil sie bei den Betroffenen sekundäre Schuld- oder Schamgefühle auslösen können, die wiederum Vermeidungs- und Rückzugstendenzen verstärken. Das hat zur Folge, dass Betroffene zum einen nicht offen über Gedanken und Gefühle sprechen und zum anderen weniger Hilfsangebote annehmen oder diese abbrechen (z. B. Barney, Griffiths, Jorm & Christensen, 2006). Aufklärungsarbeit, also beispielweise das umfassende Informieren über Entstehungsbedingungen und aufrechterhaltende Faktoren von Depressionen, sollte demzufolge nicht nur therapeutischen Interventionen vorbehalten, sondern auch Teil der pädagogischen Kooperation sein und in Unterricht und Elternarbeit integriert werden.

Um Stigmatisierungen vorzubeugen, sollten in der Kommunikation mit Eltern sowie Schülerinnen und Schülern auch sprachliche Formulierungen hinterfragt und mit Bedacht gewählt werden. So können Details im Ausdruck den Fokus von einer pathologisierenden und problemorientierten Sprache hin zu einer positiven und lösungsorientierten Sprache lenken. Der finnische Psychologe Ben Furman beispielsweise schlägt die Formulierung *Freude hat sich versteckt* vor (Furman, mündliche Mitteilung), mit der sich eine depressive Episode weitaus optimistischer bezeichnen lässt: Der Fokus wird auf diese Weise unmittelbar auf die positive Emotion Freude gerichtet; problemorientierte und oftmals wenig hilfreiche Fragen wie *Wo kommt die Depression her?* werden durch lösungsorientierte und hilfreichere Fragen wie beispielsweise *Wie kann ich die Freude wieder aus dem Versteck locken?* ersetzt. Solche alternativen sprachlichen Feinheiten können bei Betroffenen und Angehörigen eine veränderte und hilfreiche Grundhaltung unterstützen.

Zusammenfassung

Gelingende Kooperation zwischen schulischen und außerschulischen Beteiligten setzt voraus, dass Kommunikation organisiert und die pädagogische Qualität und Professionalisierung gesichert wird. In der Gestaltung von Elterngesprächen sollen bspw. wichtige Grundsätze der Gesprächsführung beachtet werden, innerhalb des Schulkollegiums Handlungsroutinen abgesprochen werden, um zu klären, wie in welchen Fällen gehandelt werden soll und welche Verantwortlichkeiten im Schulalltag gelten. Auf diese Weise wird koordiniertes und kontextübergreifendes Handeln erreicht, und pädagogische Interventionen im Kontext von Depressionen bei Schülerinnen und Schülern wird insgesamt erfolgreicher.

Literatur

Abramson, L.Y., Metalsky, G.I. & Alloy, L.B. (1989). Hopelessness depression: A theory-based subtype of depression. *Psychological Review, 96*, 358–372. https://doi.org/10.1037/0033-295X.96.2.358

Abramson, L.Y., Seligman, M.E.P. & Teasdale, J. (1978). Learned helplessness in humans: Critique and reformulation. *Journal of Abnormal Psychology, 87*, 49–74. https://doi.org/10.1037/0021-843X.87.1.49

Aldao, A., Gee, D.G., De Los Reyes, A. & Seager, I. (2016). Emotion regulation as a transdiagnostic factor in the development of internalizing and externalizing psychopathology: Current and future directions. *Development and Psychopathology, 28,* 927–946. https://doi.org/10.1017/S0954579416000638

Ames, C. (1992). Classrooms: Goals, structures, and student motivation. *Journal of Educational Psychology, 84,* 261–271. https://doi.org/10.1037/0022-0663.84.3.261

Arimitsu, K. & Hofmann, S.G. (2017). Effects of compassionate thinking on negative emotions. *Cognition and Emotion, 31,* 160–167. https://doi.org/10.1080/02699931.2015.1078292

Aron, A.R. (2008). Progress in executive-function research. *Current Directions in Psychological Science, 17,* 124–129. https://doi.org/10.1111/j.1467-8721.2008.00561.x

Baddeley, A.D. (2003). Working memory: Looking back and looking forward. *Nature Reviews Neuroscience, 4*, 829–839. https://doi.org/10.1038/nrn1201

Baikie, K.A. & Wilhelm, K., (2005). Emotional and physical health benefits of expressive writing. *Advances in Psychiatric Treatment, 11,* 338–346. https://doi.org/10.1192/apt.11.5.338

Barkley, R.A. (2005). *ADHD and the nature of self-control.* New York: Guilford Press.

Barney, L.J., Griffiths, K.M., Jorm, A.F. & Christensen, H. (2006). Stigma about depression and its impact on help-seeking intentions. *Australian and New Zealand Journal of Psychiatry, 40*, 51–54. https://doi.org/10.1080/j.1440-1614.2006.01741.x

Barrett, P.M. (1995). *Group coping koala workbook.* Unpublished manuscript. School of Applied Psychology, Griffith University, Australia.

Barrett, P.M., Lowry-Webster, H., & Turner, C. (2000). *FRIENDS program for children: Group leaders manual.* Brisbane: Australian Academic Press.

Bateson, G. (1972). *Steps to an Ecology of Mind.* New York: Chandler.

Bateson, G. (1979). *Mind and Nature: A Necessary Unity.* New York: Dutton.

Baune, B.T., Fuhr, M., Air, T.M. & Hering, C. (2014). Neuropsychological functioning in adolescents and young adults with major depressive disorder – a review. *Psychiatry Research, 218* (3), 261–271. https://doi.org/10.1016/j.psychres.2014.04.052

Beardslee, W.R., Salt, P., Versage, E.M., Gladstone, T.R.G., Wright, E. & Rothberg, P.C. (1997). Sustained change in parents receiving preventive interventions for families with depression. *American Journal of Psychiatry, 154*, 510–515. https://doi.org/10.1176/ajp.154.4.510

Beardslee, W.R., Wright, E., Salt, P. & Drezner, K. (1997). Examination of children's responses to two preventive intervention strategies over time. *Journal of the American Academy of Child and Adolescent Psychiatry, 36*, 196-204.

Beblo, T. (2016). Die Bedeutung kognitiver Beeinträchtigungen bei depressiven Patienten. *Zeitschrift für Neuropsychologie, 27*, 69–83. https://doi.org/10.1024/1016-264X/a000174

Beblo, T., Sinnamon, G. & Baune, B.T. (2011). Specifying the neuropsychology of affective disorders: Clinical, demographic and neurobiological factors. *Neuropsychology Review, 21*, 337–359. https://doi.org/10.1007/s11065-011-9171-0

Beck, A.T., Rush, A.J., Shaw, B.F. & Emery, G. (1996). *Kognitive Therapie der Depression.* Weinheim: Beltz/PVU.

Becker, K., Manthey, T., Kaess, M., Brockmann, E., Zimmermann, F. & Plener, P. (2017). Postvention bei Suizid: Was man als Kinder- und Jugendpsychiater und -therapeut wissen sollte. *Zeitschrift für Kinder- und Jugendpsychiatrie und -psychotherapie, 45*, 475–482. https://doi.org/10.1024/1422-4917/a000512

Bensel, J., Haug-Schnabel, G., Schiller, H. & Haselhofer, M. (2015). *Einschätzskala Kindeswohlgefährdung für Kinder im Schulalter. Erarbeitet im Auftrag des KVJS Baden-Württemberg.* Kandern: FVM. Verfügbar unter: https://www.kvjs.de/fileadmin/dateien/jugend/Fruehe_Hilfen/KiWo_skala/KiWo-Skala_Stand_09_03_2016.pdf

Berking, M. & Whitley, B. (2014). *Affect regulation training (ART).* New York, NY: Springer.

Bluth, K., Roberson, P.N., Gaylord, S.A., Faurot, K.R., Grewen, K.M., Arzon, S. & Girdler, S.S. (2016). Does self-compassion protect adolescents from stress? *Journal of Child and Family Studies, 25*, 1098–1109. https://doi.org/10.1007/s10826-015-0307-3

Bolten, M., Goergen, S., Schröder, M., Schmid, M. & Stadler, S. (2016). Verhaltens- und emotionale Probleme bei Vorschulkindern im Kontext der Mutter-Kind-Interaktion. Zum Einfluss der mütterlichen psychischen Gesundheit. *Zeitschrift für Klinische Psychologie und Psychotherapie, 45*, 234–244. https://doi.org/10.1026/1616-3443/a000382

Booth, R.J., Petrie, K.J. & Pennebaker, J.W. (1997). Changes in circulating lymphocyte numbers following emotional disclosure: Evidence of buffering? *Stress Medicine, 13*, 23–29. https://doi.org/10.1002/(SICI)1099-1700(199701)13:1<23::AID-SMI714>3.0.CO;2-E

Borkowski, J.G., Ramey, S.L. & Bristol-Power, M. (Eds.). (2002). *Monographs in parenting. Parenting and the child's world: Influences on academic, intellectual, and social-emotional development.* Mahwah: Lawrence Erlbaum Associates.

Breines, J.G. & Chen, S. (2012). Self-compassion increases self-improvement motivation. *Personality and Social Psychology Bulletin, 38*, 1133–1143. https://doi.org/10.1177/0146167212445599

Bridge, J.A., Goldstein, T.R. & Brent, D.A. (2006). Adolescent suicide and suicidal behavior. *Journal of Child Psychology and Psychiatry, 47*, 372–394. https://doi.org/10.1111/j.1469-7610.2006.01615.x

British Columbia. Ministry of Education (2001). *Teaching students with mental disorders: Resources for teachers. Volume 2, Depression.*

Burton, C.M. & King, L.A. (2004). The health benefits of writing about intensely positive experiences. *Journal of Research in Personality, 38*, 150–163. https://doi.org/10.1016/S0092-6566(03)00058-8

Castello, A. (2007). Entwicklung und Evaluation eines manualisierten Trainings zur Förderung des kompetenten Umgangs mit Tageszeitungen für Jugendliche mit Lernschwierigkeiten. *Zeitschrift für Heilpädagogik, 58* (2), 64–69.

Castello, A. (2017). *Schulische Inklusion bei psychischen Auffälligkeiten.* Stuttgart: Kohlhammer.

Church, K., Hoggan, E. & Oliver, N. (2010). A study of mobile mood awareness and communication through MobiMood. In *Proceedings of the 6th Nordic Conference on Human-Computer Interaction: Extending Boundaries* (pp. 128–137). New York, NY: ACM.

Clarke, G.N., Hawkins, W., Murphy, M., Sheeber, L., Lewinsohn, P.M. & Seeley, J.R. (1995). Targeted prevention of unipolar depressive disorder in an at-risk sample of high school adolescents: A randomized trial of a group cognitive intervention. *Journal of the American Academy of Child and Adolescent Psychiatry, 34*, 312–321. https://doi.org/10.1097/00004583-199503000-00016

Conradi, H.J., Ormel, J. & de Jonge, P. (2011). Presence of individual (residual) symptoms during depressive episodes and periods of remission: A 3-year prospective study. *Psychological Medicine, 41*, 1165–1174. https://doi.org/10.1017/S0033291710001911

Crow, D.M. (2000). *Physiological and health effects of writing about stress.* Doctoral Dissertation, Ann Arbor, MI: ProQuest Information & Learning.

Csikszentmihalyi, M. (1975). *Beyond boredom and anxiety.* San Francisco: Jossey-Bass

Danner, F.W. & Lonky, E. (1981). A cognitive-developmental approach to the effects of rewards on intrinsic motivation. *Child Development, 52*, 1043–1052. https://doi.org/10.2307/1129110

Deci, E.L., Koestner, R. & Ryan, R.M. (1999). A meta-analytic review of experiments examining the effects of extrinsic rewards. *Psychological Bulletin, 125*, 627–668. https://doi.org/10.1037/0033-2909.125.6.627

Deci, E.L. & Ryan, R. (1985). *Intrinsic motivation and self-determination in human behavior.* New York: Plenum. https://doi.org/10.1007/978-1-4899-2271-7

Deutsche Gesellschaft für Kinder- und Jugendpsychiatrie, Psychosomatik und Psychotherapie (DGKJP) et al. (2016). Leitlinie Suizidalität im Kindes- und Jugendalter. 4., überarb. Version, 31.05.2016, verfügbar unter https://www.awmf.org/leitlinien/detail/ll/028-031.html

Dilling, H., Mombour, W. & Schmidt, M.H. (2016). *Internationale Klassifikation psychischer Störungen. Klinisch-diagnostische Leitlinien (ICD 10).* Bern: Hogrefe.

Dlugosch, D.E. & Dahl, C. (2012). *Die Rolle der Selbstwirksamkeit und Achtsamkeit bei der Gesundheitsförderung von sozial benachteiligten Menschen – eine Projektdokumentation.* Köln: BZgA.

Dodge, K.A. (1986). A social information processing model of social competence in children. In M. Perlmutter (Ed.), *Cognitive perspectives on children's social and behavioral development* (pp. 77-125). Hillsdale, NJ: Erlbaum.

Dodge, K.A. (1993). Social-cognitive mechanisms in the development of conduct disorder and depression. *Annual Review of Psychology, 44*, 559-584.

Drechsler, R. (2007). Exekutive Funktionen. Übersicht und Taxonomie. *Zeitschrift für Neuropsychologie, 18*, 233–248. https://doi.org/10.1024/1016-264X.18.3.233

Dundas, I., Binder, P., Hansen, T.G. & Stige, S.H. (2017). Does a short self-compassion intervention for students increase healthy self-regulation? A randomized control trial. *Scandinavian Journal of Psychology, 58*, 443–450. https://doi.org/10.1111/sjop.12385

Durlak, J.A. & Wells, A.M. (1997). Primary prevention mental health programs for children and adolescents: A meta-analytic review. *American Journal of Community Psychology, 25*, 115-152.

Dweck, C. & Leggett, E. (1988). A social-cognitive approach to motivation and personality. *Psychological Review, 95,* 256–273. https://doi.org/10.1037/0033-295X.95.2.256

D'Zurilla, T.J. & Goldfried, M.R. (1971). Problem solving and behavior modification. *Journal of Abnormal Psychology, 78*, 107–126.

Elgamal, S., McKinnon, M., Ramakrishnan, K., Joffe, R.T. & MacQueen, G. (2007). Successful computer-assisted cognitive remediation therapy in patients with unipolar depression: A proof of principle study. *Psychological Medicine 37*, 1229–1238. https://doi.org/10.1017/S0033291707001110

Elliot, A.J. (1999). Approach and avoidance motivation and achievement goals. *Educational Psychologist, 34,* 169–189. https://doi.org/10.1207/s15326985ep3403_3

Ellsäßer, G. (2017). *Unfälle, Gewalt, Selbstverletzung bei Kindern und Jugendlichen. Ergebnisse der amtlichen Statistik zum Verletzungsgeschehen. Fallbericht.* Wiesbaden: Statistisches Bundesamt.

Essau, C.A. (2002). *Depression bei Kindern und Jugendlichen.* München: Ernst Reinhardt Verlag.

Essau, C.A. & Conradt, J. (2003). *FREUNDE für Kinder: Trainingsprogramm zur Prävention von Angst und Depression – Gruppenleitermanual.* München: Ernst-Reinhardt.

Essau, C.A., Conradt, J., Groen, G., Turbanisch, U. & Petermann, F. (1999). Kognitive Faktoren bei Jugendlichen mit depressiven Störungen: Ergebnisse der Bremer Jugendstudie. *Zeitschrift für Klinische Psychologie, Psychiatrie und Psychotherapie, 47,* 51–72.

Esser, G., Wyschkon, A. & Schmidt, M.H. (2002). Was wird aus Achtjährigen mit einer Lese- und Rechtschreibstörung: Ergebnisse im Alter von 25 Jahren. *Zeitschrift für Klinische Psychologie und Psychotherapie: Forschung und Praxis, 31,* 235–242. https://doi.org/10.1026/0084-5345.31.4.235

Ferrari, M., Yap, K., Scott, N., Einstein, D.A. & Ciarrochi, J. (2018). Self-compassion moderates the perfectionism and depression link in both adolescence and adulthood. *PLoS One, 13.* https://doi.org/10.1371/journal.pone.0192022

Flook, L., Goldberg, S.B., Pinger, L. & Davidson, R.J. (2015). Promoting prosocial behavior and self-regulatory skills in preschool children through a mindfulness-based kindness curriculum. *Developmental Psychology, 51*, 44–51. https://doi.org/10.1037/a0038256

Flynn, M. & Rudolph, K.D. (2011). Stress generation and adolescent depression: Contribution of responses to interpersonal stress. *Journal of Abnormal Child Psychology, 39,* 1187–1198. https://doi.org/10.1007/s10802-011-9527-1

Frenzel, A.C., Götz, T. & Pekrun, R. (2009). Emotionen. In E. Wild & J. Möller (Hrsg.), *Pädagogische Psychologie* (S. 201–224). Heidelberg: Springer.

Frisina, P.G., Borod, J.C. & Lepore, S.J. (2004). A meta-analysis of the effects of written emotional disclosure on the health outcomes of clinical populations. *The Journal of Nervous and Mental Disease, 192,* 629–634. https://doi.org/10.1097/01.nmd.0000138317.30764.63

Fuchs, R. & Schlicht, W. (2012). Seelische Gesundheit und sportliche Aktivität: Zum Stand der Forschung. In R. Fuchs & W. Schlicht (Hrsg.), *Seelische Gesundheit und sportliche Aktivität* (S. 1–12). Göttingen: Hogrefe.

Gander, M. & Buchheim, A. (2013). Internalisierende Symptome bei depressiven Jugendlichen. Ausprägung und Möglichkeiten der Erkennung im schulischen Kontext.

Zeitschrift für Kinder- und Jugendpsychiatrie und Psychotherapie, 41, 11–22. https://doi.org/10.1024/1422-4917/a000206

Garber, J. & Flynn, C. (2001). Predictors of Depressive Cognitions in Young Adolescents. *Cognitive Therapy and Research, 25,* 353–376. https://doi.org/10.1023/A:1005530402239

Gay, G., Pollak, J. P., Adams, P. & Leonard, J. P. (2011). Pilot study of Aurora, a social, mobile-phone-based emotion sharing and recording system. *Journal of Diabetes Science and Technology, 1,* 325–332. https://doi.org/10.1177/193229681100500219

Gilbert, P. (2009). *The Compassionate Mind: A New Approach to Life's Challenges.* London: Constable & Robinson.

Gilbert, P., Clark, M., Hempel, S., Miles, J. N. V. & Irons, C. (2004). Criticising and reassuring oneself: An exploration of forms, styles and reasons in female students. *British Journal of Clinical Psychology, 43,* 31–50. https://doi.org/10.1348/014466504772812959

Gilbert, P., McEwan, K., Matos, M. & Rivis, A. (2011). Fears of compassion: Development of three self-report measures. *Psychology and Psychotherapy: Theory, Research and Practice, 84,* 239–255. https://doi.org/10.1348/147608310X526511

Gilbert, P. & Procter, S. (2006). Compassionate mind training for people with high shame and self-criticism: Overview and pilot study of a group therapy approach. *Clinical Psychology and Psychotherapy, 13,* 353–379. https://doi.org/10.1002/cpp.507

Gollwitzer, P. M. (1999). Implementation intentions: Strong effects of simple plans. *American Psychologist, 54,* 493–503. https://doi.org/10.1037/0003-066X.54.7.493

Gortner, E. T., Gollan, J. K., Dobson, K. S. & Jacobson, N. S. (1998). Cognitive-behavioral treatment for depression: Relapse prevention. *Journal of Consulting and Clinical Psychology, 66,* 377–384. https://doi.org/10.1037/0022-006X.66.2.377

Greene, D., Sternberg, B. & Lepper, M. R. (1976). Overjustification in a token economy. *Journal of Personality and Social Psychology, 34,* 1219–1234. https://doi.org/10.1037/0022-3514.34.6.1219

Groen, G., Ihle, W., Ahle, M. E. & Petermann, F. (2012): *Ratgeber Traurigkeit, Rückzug, Depression: Informationen für Betroffene, Eltern, Lehrer und Erzieher.* Göttingen: Hogrefe.

Groen, G. & Petermann, F. (2008). Was wirkt in der Therapie von Depression bei Kindern und Jugendlichen wirklich? *Kindheit und Entwicklung, 17,* 243–251. https://doi.org/10.1026/0942-5403.17.4.243

Groen, G. & Petermann, F. (2011). *Depressive Kinder und Jugendliche* (2. Aufl.). Göttingen: Hogrefe.

Halberstadt, A. G., Denham, S. A. & Dunsmore, J. C. (2001). Affective social competence. *Social Development, 10,* 79–119. https://doi.org/10.1111/1467-9507.00150

Halonen, A., Aunola, K., Ahonen, T. & Nurmi, J.-E. (2006). The role of learning to read in the development of problem behavior: A cross-lagged longitudinal study. *British Journal of Educational Psychology, 76,* 517–534. https://doi.org/10.1348/000709905X51590

Han, G., Klimes-Dougan, B., Jepsen, S., Ballard, K., Nelson, M., Houri, A., Kumra, S. & Cullen, K. (2012). Selective neurocognitive impairments in adolescents with major depressive disorder. *Journal of Adoloscents, 35,* 11–20. https://doi.org/10.1016/j.adolescence.2011.06.009

Harackiewitz, J. M. (1979). The effects of reward contingency and performance feedback on intrinsic motivation. *Journal of Personality and Social Psychology, 37,* 1352–1363. https://doi.org/10.1037/0022-3514.37.8.1352

Harvey, E., Stoessel, B. & Herbert, S. (2011). Psychopathology and parenting practices of parents of preschool children with behavior problems. *Parenting: Science and Practice, 11*, 239–263. https://doi.org/10.1080/15295192.2011.613722

Hautzinger, M. (2010). *Akute Depression*. Göttingen: Hogrefe.

Hawker, D. & Boulton, M.J. (2000). Twenty years' research on peer victimisation and psychosocial maladjustment: A metaanalytic review of crosssectional studies. *Journal of Child Psychology and Psychiatry, 41,* 44–55.

Heider, F. (1958). *The psychology of interpersonal relations*. New York: Riley. https://doi.org/10.1037/10628-000

Hertel, P.T. & Gerstle, M. (2003). Depressive deficits in forgetting. *Psychological Science, 14,* 573–578. https://doi.org/10.1046/j.0956-7976.2003.psci_1467.x

Hohm, E., Zohsel, K., Schmidt, M., Esser, G., Brandeis, D., Banaschewski, T. & Laucht, M. (2017). Beeinträchtigter Start ins Leben. *Kindheit und Entwicklung, 26*, 210–220. https://doi.org/10.1026/0942-5403/a000234

Horn, A.B. & Hautzinger, M. (2003). Emotionsregulation und Gedankenunterdrückung: Aspekte der Entwicklung von Depressionen und deren Implikationen. *Kindheit und Entwicklung, 12*, 133–144. https://doi.org/10.1026//0942-5403.12.3.133

Horn, A.B., Pössel, P. & Hautzinger, M. (2002). *Chronic thought suppression and expressive writing in adolescence*. 16th conference of the European Health Psychology Society EHPS, Lissabon, Portugal.

Hoyer, J. & Teismann, T. (2016). *BADS – Behavioral Activation for Depression Scale – deutsche Fassung*. Aachen: Psychometrikon. https://doi.org/10.1037/t57699-000

Hoyer, J. & Vogel, D. (2018). *Verhaltensaktivierung*. Weinheim: Beltz

Hupfeld, J. & Ruffieux, N. (2011). Validierung einer deutschen Version der Self-Compassion Scale (SCS-D). *Zeitschrift für Klinische Psychologie und Psychotherapie, 40,* 115–123. https://doi.org/10.1026/1616-3443/a000088

Huss, M. (2012). Depressionen im Kindes- und Jugendalter. *Monatsschrift Kinderheilkunde 160,* 40–46. https://doi.org/10.1007/s00112-011-2513-4

Ihle, W. & Herrle, J. (2002). *Prävention, Behandlung und Rückfallprophylaxe depressiver Störungen im Jugendalter. Ein kognitiv-verhaltenstherapeutisches Gruppenprogramm nach Clarke & Lewinsohn*. Tübingen: DGVT.

Ihle, W., Jahnke, D., Spies, L. & Herrle, J. (2002). Evaluation eines kognitiv-verhaltenstherapeutischen Gruppenprgramms für depressive Jugendliche und junge Erwachsene. *Kindheit und Entwicklung, 11*, 238–247. https://doi.org/10.1026//0942-5403.11.4.238

Jacobsen, N.S., Dobson, K.S., Truax, P.A., Addis, M.E., Koerner, K., Gollan, J.K., Gotner, E. & Prince, S.E. (1996). A component analysis of cognitive-behavioral therapy for depression. *Journal of Consulting and Clinical Psychology, 64*, 295–304. https://doi.org/10.1037/0022-006X.64.2.295

Joormann, J. & Gotlib, I.H. (2008). Updating the contents of working memory in depression: Interference from irrelevant negative material. *Journal of Abnormal Psychology. 117,* 182–192. https://doi.org/10.1037/0021-843X.117.1.182

Junge, J., Neumer, S.-P., Manz, R. & Margraf, J. (2002). *Gesundheit und Optimismus. GO! Trainingsprogramm für Jugendliche*. Weinheim: Beltz.

Junge-Hoffmeister, J., Annen, B. & Margraf, J. (2007). GO! – Ein Programm zur Prävention von Angst und Depression bei Jugendlichen – Langzeiteffekte und Weiterentwicklungen. In B. Röhrle (Hrsg.), *Prävention und Gesundheitsförderung. Band III: Für Kinder und Jugendliche* (S. 749–780). Tübingen: DGVT Deutsche Gesellschaft für Verhaltenstherapie.

Karl, A., Williams, M.J., Cardy, J., Kuyken, W. & Crane, C. (2018). Dispositional self-compassion and responses to mood challenge in people at risk for depressive relapse/recurrence. *Clinical Psychology and Psychotherapy, 25* (5), 621–633. https://doi.org/10.1002/cpp.2302

Kasper, S., Kalousek, M., Kapfhammer, H.P., Aichhorn, W., Butterfield-Meissl, C., Fartacek, R., Frey, R., Gößler, R., Haring, C., Kapitany, T., Kapusta, N., Karwautz, A. & King, K.A. (2006). Practical strategies for preventing adolescent suicide. *Prevention Researcher, 13*, 8–10.

Kelley, H.H. (1971). *Attribution in social interaction*. New York: General Learning Press.

Kendall, P.C. (1990). *The coping cat workbook*. Ardmore, PA: Workbook Publishing.

King, K. (2006). Practical strategies for preventing adolescent suicide. *Prevention Researcher, 13*, 8-11.

King, L.A. & Miner, K.N. (2000). Writing about the perceived benefits of traumatic events: Implications for physical health. *Personality & Social Psychology Bulletin, 26*, 220–230. https://doi.org/10.1177/0146167200264008

Kirby, J.N., Tellegen, C.L. & Steindl, S.R. (2017). A meta-analysis of compassion-based interventions: Current state of knowledge and future directions. *Behavior Therapy, 48*, 778–792. https://doi.org/10.1016/j.beth.2017.06.003

Klasen, F., Meyrose, A.-K., Otto, C., Reiss, F. & Ravens-Sieberer, U. (2017). Psychische Auffälligkeiten von Kindern und Jugendlichen in Deutschland. Ergebnisse der BELLA-Studie. *Monatsschrift für Kinderheilkunde, 165*, 402–407. https://doi.org/10.1007/s00112-017-0270-8

Koestner, R., Ryan, R. M, Bernieri, F. & Holt, K. (1984). Setting limits on children's behavior: The differential effects of controlling versus informational styles on intrinsic motivation and creativity. *Journal of Personality 52*, 233–248. https://doi.org/10.1111/j.1467-6494.1984.tb00879.x

Körner, A., Coroiu, A., Copeland, L., Gomez-Garibello, C., Albani, C., Zenger, M. & Brähler, E. (2015). The Role of Self-Compassion in Buffering Symptoms of Depression in the General Population. *PLoS ONE, 10: e0142027*. https://doi.org/10.1371/journal.pone.0136598

Kovacs, M. & Devlin, B. (1998). Internalizing disorders in childhood. *Journal of Child Psychology and Psychiatry, 39*, 47–63. https://doi.org/10.1111/1469-7610.00303

Kovacs, M., Feinberg, T.L., Crouse-Novak, M.A., Paulauskas, S.L. & Finkelstein, R. (1984). Depressive disorders in childhood: A longitudinal prospective study of characteristics and recovery. *Archives of General Psychiatry, 41*, 229–237. https://doi.org/10.1001/archpsyc.1984.01790140019002

Krieger, T., Berger, T. & Holtforth, M.G. (2016). The relationship of self-compassion and depression: Cross-lagged panel analyses in depressed patients after outpatient therapy. *Journal of Affective Disorders, 202*, 39–45. https://doi.org/10.1016/j.jad.2016.05.032

Kruijt, A.-W., Antypa, N., Booij, L., de Jong, P.J., Glashouwer, K. & Penninx, B.W. (2013). Cognitive Reactivity, Implicit Associations, and the Incidence of Depression: A Two-Year Prospective Study. *PLoS ONE, 8: e70245*. https://doi.org/10.1371/journal.pone.0070245

Lambert, K. & Spinath, B. (2013). Veränderungen psychischer Belastung durch die Förderung von rechenschwachen Kindern und Jugendlichen. *Zeitschrift für Kinder- und Jugendpsychiatrie und Psychotherapie, 41*, 23–34. https://doi.org/10.1024/1422-4917/a000207

Lauth, G.W. & Schlottke, P.F. (2009). *Training mit aufmerksamkeitsgestörten Kindern* (6. Auflage). Weinheim: Psychologie Verlags Union.

Leary, M.R., Tate, E.B., Adams, C.E., Allen, A.B. & Hancock, J. (2007). Self-compassion and reactions to unpleasant self-relevant events: The implications of treating oneself kindly. *Journal of Personality and Social Psychology, 92*, 887–904. https://doi.org/10.1037/0022-3514.92.5.887

Lepach, A. & Petermann, F. (2010). *Training für Kinder mit Gedächtnisstörungen. Das neuropsychologische Einzeltraining REMINDER*. Göttingen: Hogrefe.

Lepore, S.J. (1997). Expressive writing moderates the relation between intrusive thoughts and depressive symptoms. *Journal of Personality and Social Psychology, 73*, 1030–1037. https://doi.org/10.1037/0022-3514.73.5.1030

Lepper, M.R. (1995). Theory by numbers? Some concerns about meta-analysis as a theoretical tool. *Applied Cognitive Psychology, 9*, 411–422. https://doi.org/10.1002/acp.2350090504

Levin, R.L., Heller, W., Mohanty, A., Herrington, J.D. & Miller, G.A. (2007). Cognitive deficits in depression and functional specificity of regional brain activity. *Cognitive Therapy and Research, 31*, 211–233. https://doi.org/10.1007/s10608-007-9128-z

Lewinsohn, P.M. (1974). A behavioral approach to depression. In J.C. Coyne (Ed.), *Essential papers on depression* (150–172). New York: New York University Press.

Lieb, R., Isensee, B., Hofler, M., Pfister, H. & Wittchen, H.-U. (2002). Parental major depression and the risk of depression and other mental disorders in offspring: A prospective-longitudinal community study. *Archives of General Psychiatry, 59*, 365–374. https://doi.org/10.1001/archpsyc.59.4.365

Lin, S.H. & Huang, Y-C. (2012). Investigating the relationships between loneliness and learning burnout. *Active Learning in Higher Education, 13*, 231–243. https://doi.org/10.1177/1469787412452983

Lohaus, A., Domsch, H. & Fridrici, M. (2007). *Stressbewältigung für Kinder und Jugendliche*. Heidelberg: Springer.

Lumley, M.A. & Provenzano, K.M. (2003). Stress management through written emotional disclosure improves academic performance among college students with physical symptoms. *Journal of Educational Psychology, 95*, 641–649. https://doi.org/10.1037/0022-0663.95.3.641

Mandl, H. & Friedrich, H.F. (2006). *Handbuch Lernstrategien*. Göttingen: Hogrefe.

Mann, J.J., Waternaux, C., Haas, G.L. & Malone, K.M. (1999). Toward a Clinical Model of Suicidal Behavior in Psychiatry Patients. *Americal Journal of Psychiatry, 156*, 181–189.

Manz, R., Junge, J. & Margraf, J. (2001). Prävention von Angst und Depression bei Jugendlichen – Ergebnisse einer Follow-Up-Untersuchung nach 6 Monaten. *Zeitschrift für Gesundheitspsychologie, 9*, 168–179. https://doi.org/10.1026//0943-8149.9.4.168

Martell, C.R., Dimidjian, S. & Herman-Dunn, R. (2010). *Behavioral activation for depression: A clinician's guide*. New York: Guilford Press.

McMaster, K. (2006). Research on peer-assisted learning strategies: The promise and limitations of peer-mediated instruction. *Reading & Writing Quarterly, 22*, 5–25. https://doi.org/10.1080/10573560500203491

Meinhardt, J. & Pekrun, R. (2003). Attentional resource allocation to emotional events: An ERP study. *Cognition and Emotion, 17*, 477–500. https://doi.org/10.1080/02699930244000039

Mitchell, M. (1993). Situational interest: Its multifaceted structure in the secondary school mathematics classroom. *Journal of Educational Psychology, 85, 3*, 424–436. https://doi.org/10.1037/0022-0663.85.3.424

Miyake, A., Friedman, N.P., Emerson, M.J., Witzki, A.H., Howerter, A. & Wagner, T.D. (2000). The unity and diversity of executive functions and their contributions to complex "frontal lobe" tasks: A latent variable analysis. *Cognitive Psychology, 41*, 49–100. https://doi.org/10.1006/cogp.1999.0734

Molnar, A. & Lindquist, B. (2013). *Verhaltensprobleme in der Schule. Lösungsstrategien für die Praxis.* Basel: Borgmann.

Müller, S., Hildebrandt, H. & Münte, T. (2004). *Kognitive Therapie bei Störungen der Exekutivfunktionen. Ein Therapiemanual.* Göttingen: Hogrefe.

Muris, P., Meesters, C., Pierik, A. & de Kock, B. (2016). Good for the self: Self-compassion and other self-related constructs in relation to symptoms of anxiety and depression in non-clinical youths. *Journal of Child and Family Studies, 25*, 607–617. https://doi.org/10.1007/s10826-015-0235-2

Naab, S., Hauer, M., Voderholzer, U. & Hautzinger, M. (2015). Depressive Störungen bei Jugendlichen: Diagnostik und Therapie. *Fortschritte der Neurologie, Psychiatrie, 83*, 49–61.

National Institute of Mental Health (NIMH). (2012). *Suicide in the U.S.: Statistics and prevention.* Washington: National Institute of Mental Health.

Neff, K.D. (2003). Development and validation of a scale to measure self-compassion. *Self and Identity, 2*, 223–250. https://doi.org/10.1080/15298860309027

Neff, K.D. (2009). The role of self-compassion in development: A healthier way to relate to oneself. *Human Development, 52*, 211–214. https://doi.org/10.1159/000215071

Neff, K.D. (2012). *Selbstmitgefühl: Wie wir uns mit unseren Schwächen versöhnen und uns selbst der beste Freund werden.* München: Random House.

Neff, K.D., Kirkpatrick, K.L. & Rude, S.S. (2007). Self-compassion and adaptive psychological functioning. *Journal of Research in Personality, 41*, 139–154. https://doi.org/10.1016/j.jrp.2006.03.004

Nevermann, C. & Reicher, H. (2009). *Depressionen im Kindes- und Jugendalter: Erkennen, Verstehen, Helfen* (2. Auflage). München: C.H. Beck.

Nicholls, J. (1989). *The competitive ethos and democratic education.* Cambridge, MA: Harvard University Press.

Nolen, S. (1988). Reasons for studying: Motivational orientations and study strategies. *Cognition and Instruction, 5*, 269–287. https://doi.org/10.1207/s1532690xci0504_2

Nolen-Hoeksema, S. & Morrow, J. (1991). A prospective study of depression and posttraumatic stress symptoms after a natural disaster: The 1989 Loma Prieta earthquake. *Journal of Personality and Social Psychology, 61*, 115–121. https://doi.org/10.1037/0022-3514.61.1.115

Park, C.L. & Blumberg, C.J. (2002). Disclosing trauma through writing: Testing the meaning-making hypothesis. *Cognitive Therapy and Research, 26*, 597–616. https://doi.org/10.1023/A:1020353109229

Pashler, H., Bain, P., Bottge, B., Graesser, A., Koedinger, K., McDaniel, M. & Metcalfe, J. (2007). *Organizing Instruction and Study to Improve Student Learning.* Washington, DC: National Center for Education Research, Institute of Education Sciences, U.S. Department of Education. https://eric.ed.gov/?id=ED498555

Pekrun, R. (2000). A social-cognitive, control-value theory of achievement emotions. In J. Heckhausen (Ed.), *Motivational Psychology* of *Human Development* (pp. 143–7163). Oxford, UK: Elsevier.

Pekrun, R. (2006). The control-value theory of achievement emotions: Assumptions, corollaries and implications for educational research and practice. *Educational Psychology Review, 18*, 315–341. https://doi.org/10.1007/s10648-006-9029-9

Pennebaker, J.W. (1997). Writing about emotional experience as a therapeutic process. *Psychological Science, 8,* 162–166. https://doi.org/10.1111/j.1467-9280.1997.tb00403.x

Pennebaker, J.W. & Beall, S.K. (1986). Confronting a traumatic event: Toward an understanding of inhibition and disease. *Journal of Abnormal Psychology, 95,* 274–281. https://doi.org/10.1037/0021-843X.95.3.274

Perkonigg, A., Kessler, R.C., Storz, S. & Wittchen, H.-U. (2000). Traumatic events and post-traumatic stress disorder in the community: Prevalence, risk factors and comorbidity. *Acta Psychiatrica Scandinavica, 101,* 46–59. https://doi.org/10.1034/j.1600-0447.2000.101001046.x

Petermann, F., Petermann, U. & Nitkowski, D. (2016). Emotionstraining in der Schule. *Ein Programm zur Förderung der emotionalen Kompetenz.* Göttingen: Hogrefe. https://doi.org/10.1026/02687-000

Philippot, P. & Brutoux, F. (2008). Induced rumination dampens executive processes in dysphoric young adults. *Journal of Behaviour Therapy and Experimental Psychiatry, 39,* 219–227. https://doi.org/10.1016/j.jbtep.2007.07.001

Plöderl, M., Fartacek, H. & Fartacek, R. (2010). Lebenswert – ein schulisches Suizidpräventionsprogramm. *Suizidprophylaxe: Theorie und Praxis, 37,* 148–154.

Pössel, P., Baldus, Ch., Horn, A. B., Hautzinger, M. & Groen, G. (2005). Influence of general self-efficacy on the effects of a school-based universal primary prevention program of depressive symptoms in adolescents. *Journal of Child Psychology and Psychiatry, 46,* 982-994.

Pössel, P. & Hautzinger, M. (2004). Prävention von Depression bei Kindern und Jugendlichen. *Kindheit und Entwicklung, 12,* 154–163. https://doi.org/10.1026//0942-5403.12.3.154

Pössel, P., Horn, A.B. & Hautzinger, M. (2003). Erste Ergebnisse eines Programms zur schulbasierten Prävention von depressiven Symptomen bei Jugendlichen. *Zeitschrift für Gesundheitspsychologie, 11,* 10-20.

Pössel, P., Horn, A.B., Seemann, S. & Hautzinger, M. (2004). *Lust An Realistischer Sicht & Leichtigkeit im sozialen Alltag – LARS & LISA. Manual eines schulbasierten universalen Präventionsprogramms von Depression bei Jugendlichen.* Göttingen: Hogrefe.

Ravens-Sieberer, U., Wille, N. & Bettge, S. (2007). Psychische Gesundheit von Kindern und Jugendlichen in Deutschland. Ergebnisse aus der BELLA-Studie im Kinder- und Jugendgesundheitssurvey (KiGGS). *Bundesgesundheitsblatt – Gesundheitsforschung – Gesundheitsschutz, 50,* 871–878. https://doi.org/10.1007/s00103-007-0250-6

Ringel, E. (1989). *Selbstmord. Appell an die anderen.* München: Kaiser.

Roiser, J. & Sahakian, B. (2013). Hot and cold cognition in depression. *CNS Spectrums, 18,* 139–149. https://doi.org/10.1017/S1092852913000072

Rojas, R., Geissner, E. & Hautzinger, M. (2014). Kognitive Reaktivität und Stressbelastung als Prädiktoren eines Rezidivs bei remittiert depressiven Personen. *Zeitschrift für Klinische Psychologie und Psychotherapie, 43,* 17–26. https://doi.org/10.1026/1616-3443/a000251

Rudolph, K.D. & Clark, A.G. (2001). Conceptions of relationships in children with depressive and aggressive symptoms: Social-cognitive distortion or reality? *Journal of Abnormal Child Psychology, 29,* 41–56. https://doi.org/10.1023/A:1005299429060

Ryan, M. & Deci, E. (2000). Self-determination theory and the facilitation of intrinsic motivation, social development and well-being. *American Psychologist, 55,* 68–78. https://doi.org/10.1037/0003-066X.55.1.68

Salmela-Aro, K., Savolainen, H. & Holopainen, L. (2009). Depressive symptoms and school burnout during adolescence: Evidence from two cross-lagged longitudinal studies. *Journal of Youth Adolescence, 38*, 1316–27. https://doi.org/10.1007/s10964-008-9334-3

Scheurich, A., Fellgiebel, A., Schermuly, I., Wölfges, R., Müller, M. & Bauer, S. (2008). Experimental evidence for a motivational origin of cognitive impairment in major depression. *Psychological Medicine, 38,* 237–246. https://doi.org/10.1017/S003329 1707002206

Schiefele, U. (1996). *Motivation und Lernen mit Texten.* Göttingen: Hogrefe.

Schilling, E., Aseltine, R.H. & James, A. (2016). The SOS Suicide Prevention Program: Further evidence of efficacy and effectiveness. *Prevention Science, 17,* 157–166. https://doi.org/10.1007/s11121-015-0594-3

Schmidt-Gies, U. & Lässle, R. (2013). Stressbezogene Symptome und Stressverarbeitung bei depressiven Mädchen. *Zeitschrift für Kinder- und Jugendpsychiatrie und Psychotherapie, 41,* 383–389. https://doi.org/10.1024/1422-4917/a000254

Schmidt-Gies, U. & Lässle, R. (2014). Stressbezogene Determinanten für die Aufrechterhaltung von Depressionen bei Mädchen. *Zeitschrift für Kinder- und Jugendpsychiatrie und Psychotherapie, 42,* 157–166. https://doi.org/10.1024/1422-4917/a000285

Schulte-Körne, G. & Allgaier, A.-K. (2008). Genetik depressiver Störungen. *Zeitschrift für Kinder- und Jugendpsychiatrie und Psychotherapie, 36,* 27–43. https://doi.org/10.1024/1422-4917.36.1.27

Shaffer, D. & Gould, M. (2000). Suicide prevention in schools. In K. Hawton & C. van Heeringen (Hrsg.), *The International Handbook of Suicide and Attempted Suicide* (S. 646–660). Chichester: Wiley. https://doi.org/10.1002/9780470698976.ch37

Shochet, I.M., Dadds, M.R., Holland, D., Whitefield, K., Harnett, P.H. & Osgarby, S.M. (2001). The Efficacy of a Universal School-Based Program to Prevent Adolescent Depression. *Journal of Clinical Child & Adolescent Psychology, 30*, 303–315. https://doi.org/10.1207/S15374424JCCP3003_3

Shochet, I.M., Holland, D. & Whitefield, K. (1997). *Resourceful adolescent program: Participant's manual.* Brisbane, Australia: Griffith University.

Shochet, I.M., Whitefield, K. & Holland, D. (1997). *Resourceful adolescent program: Group leader's manual.* Brisbane, Australia: Griffith University.

Shochet, I.M. & Wurfl, A. (2015). *Resourceful adolescent program: Group leader's manual.* Brisbane, Australia: School of Psychology and Counselling, Queensland University of Technology.

Shortt, A.L., Barrett, P.M. & Fox, T.L. (2001). Evaluating the FRIENDS program: A cognitive-behavioral group treatment for anxious children and their parents. *Journal of Clinical Child and Adolescent Psychology, 30*, 525–535. https://doi.org/10.1207/S15374424JCCP3004_09

Sloan, D.M. & Marx, B.P. (2004). A closer examination of the structured written disclosure procedure. *Journal of Consulting and Clinical Psychology, 72,* 165–175. https://doi.org/10.1037/0022-006X.72.2.165

Smeets, E., Neff, K., Alberts, H. & Peters, M. (2014). Meeting suffering with kindness: Effects of a brief self-compassion intervention for female college students. *Journal of Clinical Psychology, 70*, 794–807. https://doi.org/10.1002/jclp.22076

Smith, A. (2006). Cognitive empathy and emotional empathy in human behavior and evolution. *The Psychological Record, 56*, 3-21.

Smyth, J.M., Stone, A.A., Hurewitz, A. & Kaell, A. (1999). Effects of writing about stressful experiences on symptom reduction in patients with asthma or rheumatoid arthritis: A randomized trial. *Journal of the American Medical Association, 281,* 1304–1309. https://doi.org/10.1001/jama.281.14.1304

Snyder, H.R. (2013). Major depressive disorder is associated with board impairments on neuropsychological measures of executive function: A meta-analysis and review. *Psychological Bulletin, 139*, 81–132. https://doi.org/10.1037/a0028727

Southam-Gerow, M.A. (2013). Emotion regulation and understanding implications for child psychopathology and therapy. *Clinical Psychology Review, 22*, 189–222. https://doi.org/10.1016/S0272-7358(01)00087-3

Spies, K., Hesse, F.W. & Hummitzsch, C. (1996). Mood and capacity in Baddeley's model of human memory. *Zeitschrift für Psychologie 204*, 367–381.

Stavemann, H.H. (2007). *Sokratische Gesprächsführung in Therapie und Beratung.* (2., vollst. überarb. und erw. Aufl.) Weinheim: Beltz.

Steindl, S.R., Matos, M. & Creed, A.K. (2018). Early shame and safeness memories, and later depressive symptoms and safe affect: The mediating role of self-compassion. *Current Psychology*. https://doi.org/10.1007/s12144-018-9990-8

Stiensmeier-Pelster, J. & Schöne, C. (2008). Fähigkeitsselbstkonzept. In W. Schneider & M. Hasselhorn (Hrsg.), *Handbuch der Pädagogischen Psychologie* (S. 62–73). Göttingen: Hogrefe.

Stonawski, V., Frey, S., Golub, Y., Rohleder, N., Kriebel, J., Goecke, T.W., Fasching, P.A., Beckmann, M., Kornhuber, J., Kratz, O., Moll, G., Heinrich, H. & Eichler, A. (2018). Associations of prenatal depressive symptoms with DNA methylation of HPA axis-related genes and diurnal cortisol profiles in primary school-aged children. *Development and Psychopathology, 31*, 419–431.

Strunk, C.M., King, K.A., Vidourek, R. & Sorter, M.T. (2014). Effectiveness of the Surviving the Teens® Suicide Prevention and Depression Awareness Program: An impact evaluation utilizing a comparison group. *Health Education & Behavior, 41*, 605–613. https://doi.org/10.1177/1090198114531774

Suhr, M., Risch, A.K. & Wilz, G. (2017). Maintaining mental health through positive writing: Effects of a resource diary on depression and emotion regulation. *Journal of Clinical Psychology, 73*, 1586–1598. https://doi.org/10.1002/jclp.22463

Thompson-Schill, S.L., Bedny, M. & Goldberg, R. (2005). The prefrontal lobes and the regulation of mental activity. *Current Opinion in Neurobiology, 15*, 219–224. https://doi.org/10.1016/j.conb.2005.03.006

Värnik, A., Kõlves, K., van der Feltz-Cornelis, C., Marusic, A., Oskarsson, H., Palmer, A., Reisch, T., Scheerder, G., Arensman, A., Aromaa, E., Giupponi, G., Gusmäo, R., Maxwell, M., Pull, C., Szekely, A., Sola, V.P. & Hegerl, U. (2008). Suicide methods in Europe – a gender specific analysis of countries participating in the "European Alliance Against Depression". *Journal of Epidemiology and Community Health, 62*, 545–551. https://doi.org/10.1136/jech.2007.065391

Vaughn, S. & Bos, C.S. (1987). Knowledge and perception of the resource room: The students' perspective. *Journal of Learning Disabilities, 20*, 218–223. https://doi.org/10.1177/002221948702000404

Vernon, A & Bernard, M. (2006). Applications oft he REBT in Schools: Prevention, Promotion, Intervention. In A. Ellis & M. Bernard (Hrsg.), *Rational emotive behavioral approaches of childhood disorders* (S. 415–460).New York: Springer.

Wartberg, L., Kriston, L. & Thomasius, R. (2018). Depressive symptoms in adolescents – prevalence and associated psychosocial features in a representative sample. *Deutsches Ärzteblatt International, 115*, 549–555.

Waters, S., Cross, D. & Shaw, T. (2010). Does the nature of schools matter? An exploration of selected school ecology factors on adolescent perceptions of school connectedness. *British Journal of Educational Psychology, 80,* 381–402. https://doi.org/10.1348/000709909X484479

Wegner, D. (1994). Ironic processes of mental control. *Psychological Review, 101,* 34–52. https://doi.org/10.1037/0033-295X.101.1.34

Weiner, B. (1986). *An attributional theory of motivation and emotion.* Berlin: Springer. https://doi.org/10.1007/978-1-4612-4948-1

Weissman, M.M., Wickramaratne, P., Nomura, Y., Warner, V., Pilowsky, D. & Verdeli, H. (2006). Offspring of depressed parents: 20 years later. *American Journal of Psychiatry, 163,* 1001–1008. https://doi.org/10.1176/ajp.2006.163.6.1001

Wewetzer, C. & Quaschner, K. (2019). *Ratgeber Suizidalität. Informationen für Betroffene, Eltern, Lehrer und Erzieher.* Göttingen: Hogrefe.

Wickramaratne, P., Greenwald, S. & Weissman, M.M. (2000). Psychiatric Disorders in the Relatives of Probands With Prepubertal-Onset or Adolescent-Onset Major Depression. *Journal of the American Academy of Child & Adolescent Psychiatry, 39,* 1396–1405. https://doi.org/10.1097/00004583-200011000-00014

Yoon, K.L., LeMoult, J. & Joormann, J. (2014). Updating emotional material in working memory: A depression-specific deficit? *Journal of Behavior Therapy and Experimental Psychiatry, 45,* 368–374. https://doi.org/10.1016/j.jbtep.2014.03.004

Young, K.D., Erickson, K. & Drevets, W.C. (2012). Match between cue and memory valence during autobiographical memory recall in depression. *Psychological Reports, 111,* 129–148. https://doi.org/10.2466/09.02.15.PR0.111.4.129-148

Ziegler, A. & Schober, B. (2001). *Theoretische Grundlagen und praktische Anwendung von Reattributionstrainings.* Regensburg: Roderer.

Zierer, K. (2014). *Hattie für gestresste Lehrer.* Hohengehren: Schneider.

Zimmermann, P. & Iwanski, A. (2014). Emotion regulation from early adolescence to emerging adulthood: Age differences, gender differences, and emotion-specific developmental variations. *International Journal of Behavioral Development, 38,* 182–194. https://doi.org/10.1177/0165025413515405